JN302374

8×6×7=336枚のおいしいクッキー

live ei8ht
6ix pack
daily se7en

中国語のクッキー■タイム

文 承勇 著　　相原 茂 編著

朝日出版社

right now plan!

CHINESE EXPRESSION DICTIONARY by Moon, Seong-Yong
Copyright © 2007 by Moon Seon-Yong
Japanese translation rights arranged with Gimm-Young Publishers, Inc. in Seoul.

introduction
はじめに

気持ちの良い部屋で、お茶をしたり、お気に入りのお菓子をつまみながらお喋りをする、これほど楽しいことが人生で他にあるでしょうか。
外は雨でも室内は暖かく安心です。こわいインフルエンザの心配もありません。
話す言葉や話題が、もし中国語ならもっと癒されそうです（この辺、ちょっと勝手ですが）。

本書は、もっと中国語を勉強したい。しかし何から始め、どのように勉強をすればよいかわからなく、手持ちぶたさな人たちのために用意されました。
ともかく、こんな本を1冊手元において、ときどきパラパラ眺めている、それだけで中国語モードになりますよという本です。

この本では日常的によく使われる例文をたくさん集めました。自分が言いたいことを相手にしっかり伝えることができ、なおかつ相手の機嫌を損ねることなく話を盛り上げることができるものです。
実際のところ、会話の話題は思いついたものから先に口をついて飛び出します。そんなに系統だったものではありません。
例文は短くて、使ってみたくなるものばかりです。ちょうどお茶にぴったりのクッキーのように、食べだしたら止まりません。

原著は韓国で出版された、とてもおしゃれな本です。
日本の読者にあわせていくぶん手を入れましたが、それでも韓流の華やかな色香は十分に味わえるでしょう。
こんな本があなたのそばにあったら、それだけで中国語のいい匂いがして、ついつい引き寄せられ、手が伸びる。そんな効果を意図しています。
デザインはイラストレーターの小熊未央さんが担当してくれました。雰囲気のある、楽しい本にしていただきました。

相原　茂

この本の構成

live ei8ht

室内で使える表現を大きく8つのパートにわけました。
お部屋でお喋りが最高です！

6ix pack

各パートを6つの状況に分け、どんな話題が出ても困ることなくスムーズに会話ができるようにしました

語法8講

各パートの最後に簡単な語法講義を入れました。
中国語の語法のエッセンスがつまっています。

right now plan!
right now plan!
right now plan!
right now plan!
right now plan!

daily se7en

各状況に応じた七つの核心的表現を取り上げます！1日 7センテンスを覚えましょう。
例文、文法説明（より多くのおしゃべり）、そして単語解説です

photo joke

中国で見られる人物写真に面白いキャプションをつけてみました。お楽しみください。

中国骨董雑貨アルバム

ちょっとした中国雑貨や目玉がとびでるほど高価な骨董の写真を載せてあります。

Contents

right now plan!

right now plan!

Part ONE

Part TWO

Get the basics of global society through leaning of various foreign language!

第1章
あいさつに関するすべての表現！　　　14

1-1　よく使うあいさつ表現！　18
1-2　お祝いの言葉はこのように！　22
1-3　ありがたいときはこのように！　26
1-4　失礼？ 反射的にお詫びしましょう！　30
1-5　中国人と会うときは最大限に喜んでお迎えしましょう！　34
1-6　別れる時のご挨拶は惜しむ気持ちをたっぷり込めて言いましょう！　38

語法8講　❶ 語順と否定　42

第2章
自己紹介に必ず必要なすべての表現！　　　44

2-1　自信満々に自分を紹介しよう　48
2-2　職業が知りたいですか？　52
2-3　私はこんな趣味を楽しんでいます　56
2-4　見た目が気になるでしょう？　60
2-5　性格はいかがでしょうか？　64
2-6　家族関係を伺ってもよろしいでしょうか？　68

語法8講　❷ 疑問文　72

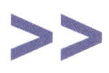

Contents

right now plan!

right now plan!

Part THREE

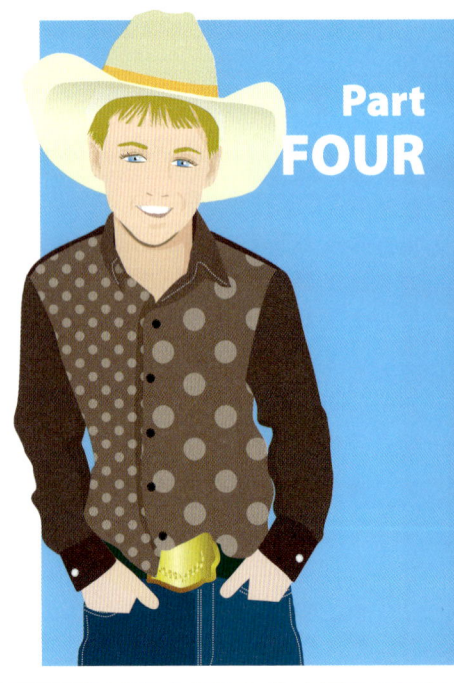

Part FOUR

Get the basics of global society through leaning of various foreign language!

第3章
対話を導くすべての表現！　　74

3-1　イエス、ノー！をはっきりしなさい！　78
3-2　一発でできる疑問詞表現！　82
3-3　気になりますか？ 直ちに聞いてみなさい！　86
3-4　聞き取れませんでしたか？ もう一度聞いてみなさい！　90
3-5　何が起きたのでしょう？ 気になりますね？　94
3-6　何するつもり？ 確実なの？　98

語法8講　❸ "能、会、可以"―「できる」助動詞群　102

第4章
接する相手に対して必ず必要なすべての表現！　　104

4-1　あなた、褒められて当然です　108
4-2　激励と応援、共に必要です　112
4-3　進めたり、止めたり　116
4-4　調子を合わせてあげてください　120
4-5　助言と忠告を惜しまないで！　124
4-6　危険なことには注意を！ 強力な禁止の表現！　128

語法8講　❹ "会、想、要、得"― 4つの助動詞　132

Contents

right now plan!

right now plan!

Part
FIVE

Part
SIX

Get the basics of
global society through
leaning of various foreign language!

第5章
身体、心、感情を表すすべての表現！　134

- 5-1　自分のコンディションを話す！　138
- 5-2　どうしよう。体調がよくない　142
- 5-3　気に入ったり、気に入らなかったり　146
- 5-4　嬉しく、幸せで、そして気分がいい！　150
- 5-5　怒り、悲しみ、そしてくるしみ！　154
- 5-6　あら、びっくりした。　158

語法 *8* 講　❺テンスとアスペクト　162

第6章
友達をつくるときに必ず必要なすべての表現！　164

- 6-1　天気の話題で話しかけよう！　168
- 6-2　今日デートがあるのよ！　172
- 6-3　電話が来た！留守です！　176
- 6-4　友人を家に招待しよう！　180
- 6-5　これが最強のくどき文句だ！　184
- 6-6　デートに誘おう！　188

語法 *8* 講　❻助動詞と目的語の組合せ　192

Contents

right now plan!

right now plan!

Part
SEVEN

Part
EIGHT

Get the basics of
global society through
leaning of various foreign language!

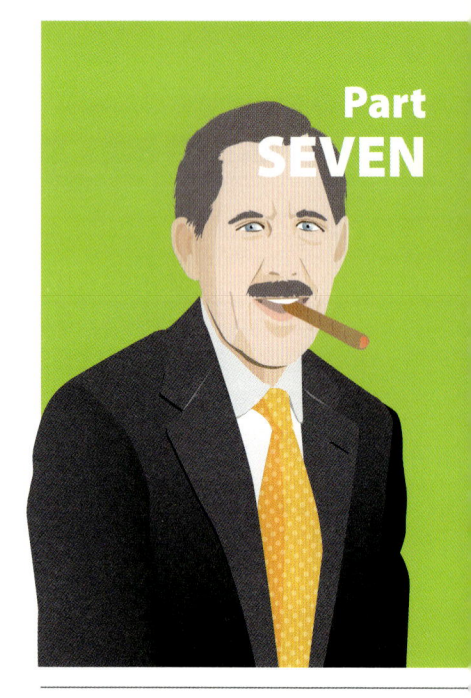

第7章
一緒に食事をするときに必要なすべての表現！　194

7-1　友人と家で食事しよう　198
7-2　おいしいイベント、食事の準備　202
7-3　おいしい料理を作ってみようか？　206
7-4　では、食べましょう！　210
7-5　もう少し食べますか！　214
7-6　デザートは何にしましょうか？　218

語法8講　❼ 修飾(かざり)はまえに　補語うしろ　222

第8章
家事&余暇に必ず必要なすべての表現！　224

8-1　朝、目が覚めたらすぐ使う表現！　228
8-2　部屋の掃除、溜まった洗濯物、片付けてしまおう！　232
8-3　環境保護に関心を示そう　236
8-4　余暇はテレビとラジオで！　240
8-5　コンピューターで遊び、コンピューターで働く！　244
8-6　散歩に行きましょうか　248

語法8講　❽ 日本語とここがいちばん違う　252

Get the basics of global society through learning of various foreign language!

Part
ONE

あいさつに関するすべての表現！

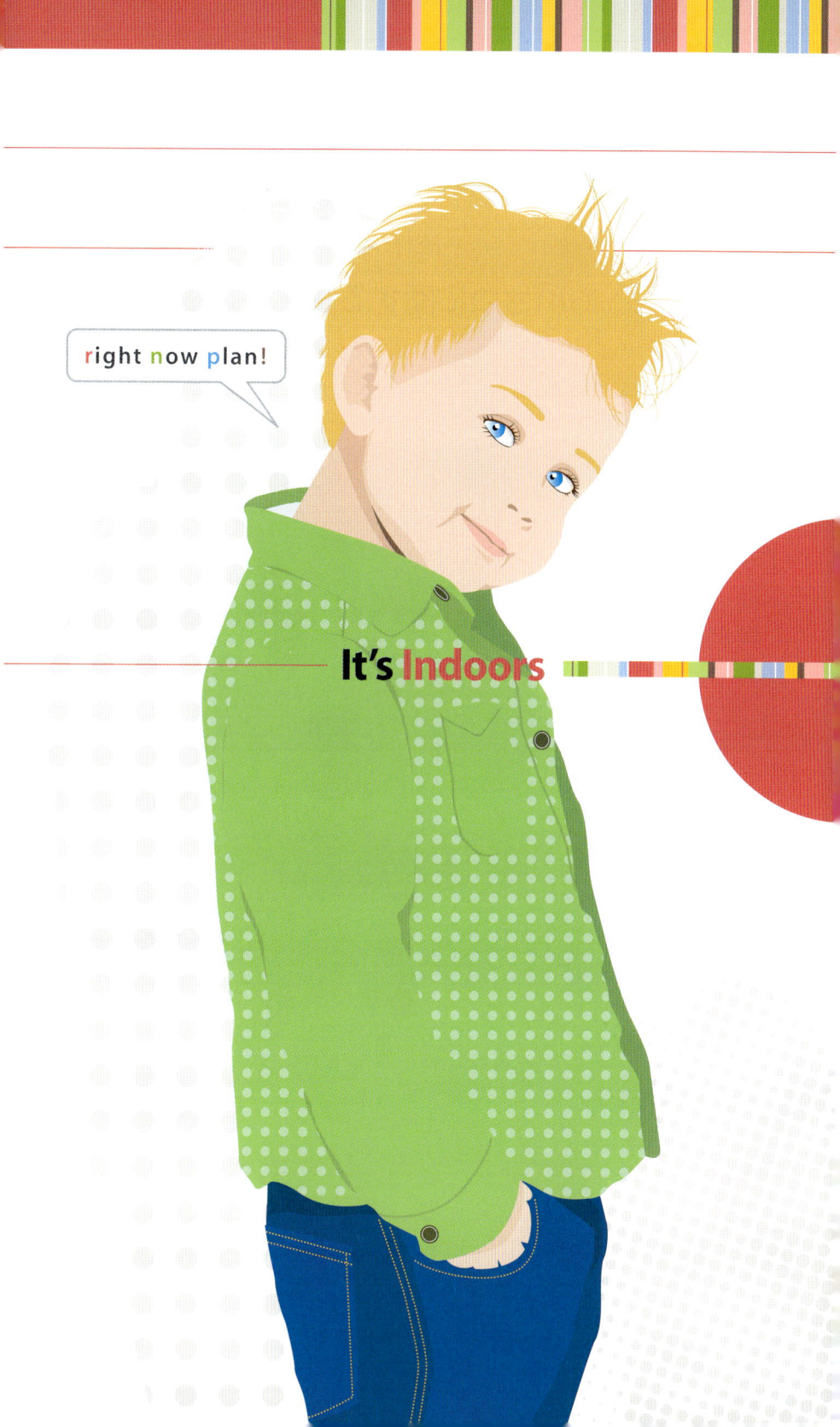

right now plan!

It's Indoors

part one 第 **1** 章

あいさつに関するすべての表現！

right now plan!

Get the basics of
global society through
leaning of various foreign language!

あいさつに関するすべての表現！

photo joke ・照片笑話・

(写真撮影：邓大泉)

我 送 你 什么 卡 好？
Wǒ sòng nǐ shénme kǎ hǎo?

情人卡， 爱情卡 还是 生日卡？
Qíngrénkǎ, àiqíngkǎ háishi shēngrikǎ?

—我 最 喜欢 信用卡。
— Wǒ zuì xǐhuan xìnyòngkǎ.

どんなカードがいい？
恋人カード、愛情カード、それとも誕生日カード？
—わたし、クレジットカードがいい。

+ Muffin

Get the basics of global society through leaning of various foreign language!

right now plan!

18
right now plan!

あいさつに関するすべての表現！

1-1 よく使うあいさつの表現

introduction

「笑う顔につばは吐けない」という諺が韓国にあります。世界のどこでも挨拶がきちんとできれば初対面の印象はまず合格でしょう。日常的によく使う簡単な挨拶言葉こそ外国語の勉強の第一歩なのです。

>>

01
こんにちは。
你好！
Nǐ hǎo!

「ニーハォ」は一度くらいは聞いたことのある言葉でしょう。挨拶の基本中の基本ですが、一言加えると"你好！"Nǐ hǎo! は朝も、昼も、夜も使える便利な言葉なのです。"吗" ma を文章の後ろに付けて"你好吗？" Nǐ hǎo ma? と言うと、もうちょっと具体的に相手について「お元気ですか」と聞くことになります。

你 nǐ あなた　　好 hǎo よい

02 おはようございます。
早上好！
Zǎoshang hǎo!

❀❀　英語ではGood morning!「よい朝を」と言いますが、中国語では「朝がよい」と言います。韓国でも、また日本でもそうですが、実際の生活の中でよく使う漢字は実は中国の昔の言葉のままなので、ところどころ現在の中国語で使われる漢字とは異なります。例えば、「朝」もそうで、中国では"朝"zhāoという言葉を使わず、「早い」という意味の"早"zǎoを使って表します。

早上 zǎoshang　朝

03 早く来ましたね。
你早来了！
Nǐ zǎo lái le!

❀❀　朝の挨拶言葉"早上好"zǎoshang hǎoでの"早"zǎoは名詞で「朝」を意味しますが、ここでは「早い」という意味の形容詞で、それが副詞的に使われ「早く来ましたね」という意味になります。朝、会社に着いたら、もう同僚がいた。そんな時に「やあ、早いね」という感じで言います。これもだから一種の「お早う」ですね。"了"leは文末に使われ「新事態発見」の意味を表します。

早 zǎo　早い　　来 lái　来る

04 こんばんは。
晚上好！
Wǎnshang hǎo!

❀❀　夜の挨拶だからと言って言い方を変えることはありません。朝の挨拶の"早上好"の"早"を「夜」という意味の"晚"wǎnに変えれば「こんばんは」という意味になります。ところで、最近中国では産業用電気が足らなくて困っているようですが、そのためにも夜は早めに寝て、朝早く起きなければならないようです！^O^

晚上 wǎnshang　夜

05 おやすみなさい。
晚安！
Wǎn'ān!

　"晚上" wǎnshang の "上" shang がなくても「夕方、夜」という意味になります。夜遅くベッドに入るときの挨拶言葉で「おやすみなさい」の意味です。"早起的鸟有虫子吃" Zǎo qǐ de niǎo yǒu chóngzi chī「早起きの鳥は虫にありつける（早起きは三文の得）」という諺があるように、中国人には農耕民族の伝統がまだ残っていて、朝は早く起きて日課を始める習慣があります。

晚 wǎn 夕方、夜　　　**安** ān 安らである

06 はじめまして。
初次见面！
Chūcì jiànmiàn!

　中国語では敬語がそれほど発達していません。初めて会う人やお年寄りの方にも「お会いする」等の形式の言葉はなく、ただ "见面 jiànmiàn" と言えばよいのです。厳密に言えば "拜见" bàijiàn や "拜访" bàifǎng という語がありますが、そこまでかしこまらない言い方が好まれます。

初次 chūcì 初めて　　　**见面** jiànmiàn 会う

07 お久しぶりです。
好久不见。
Hǎojiǔ bú jiàn.

　"好" hǎo は形容詞で「よい」という意味ですが、ここでは副詞として使われ「ずいぶん」という意味を表します。"好"（ずいぶん）＋"久"（久しい）で、「ずいぶん長い間」というわけです。"不" bù は本来第4声で急激に下降して発音しますが、後ろの漢字が第4声なので第2声に変えて発音しなければなりません。

好 hǎo ずいぶん　　　**久** jiǔ 久しい
不 bù 動詞や形容詞の前に置かれ否定を表す　　　**见** jiàn 会う

+ Chocolate chip cookie

Get the basics of global society through leaning of various foreign language!

right now plan!

あいさつに関するすべての表現！

1-2 お祝いの言葉はこのように！

introduction

中国人は花をプレゼントされるのが好きです。なぜ中国人が花が好きかと言うと、彼らは昔から花をトーテムと崇める伝統がありました。中国の昔の名称は"华夏"で、ここの華麗を意味する"华" huá と花の"花" huā は基本的に相通じる意味なのです。このように中国人は花を崇める民族なのです。

---

01 おめでとうございます！

恭喜恭喜！
Gōngxǐ gōngxǐ!

中国の映画やドラマでよくみられる挨拶です。両手を胸のところで合わせて言います。職場で昇進した人に言ったり、いろいろお祝いごとのある人に対して使われる表現です。"恭喜,恭喜!" Gōngxǐ, gōngxǐ! と繰り返して言うのが礼儀です。

恭喜 gōngxǐ おめでとう

02 お誕生日おめでとうございます！
祝你生日快乐！
Zhù nǐ shēngri kuàilè!

🔷🔶　日本でも、そして韓国でも"快乐"kuàilè は「快楽」とか「悦楽」を連想する表現ですが、中国ではたんなる「楽しい」という意味なので誤解しないでください。今でも多くの中国人は西欧式誕生日パーティに慣れていないようですが、最近の若者たちの間では誕生日プレゼントにケーキや花等を贈るのが流行っているようです。

祝 zhù 祈る　　**生日** shēngri 誕生日　　**快乐** kuàilè 楽しい

03 幸運をお祈りします！
祝好运！
Zhù hǎoyùn!

🔷🔶　"祝"zhù は主に「祈る」という意味で使いますが、本来は「神様に願う」、「神へ祈る」という意味です。祭祀を執り行なうという"示"shì と兄の"兄"xiōng を合わせて作られた漢字からも分かるように、神の前に人がぬかづいて祈りをささげる姿です。幸運を祈るわけです。

祝 zhù 祈る　　**好运** hǎoyùn 運がよい

04 成功をお祈りします！
祝你成功！
Zhù nǐ chénggōng!

🔷🔶　"祝"zhù は「相手によいことがあるよう願う、祈る」意味でよく使います。未来のこと向きです。一方、"祝贺成功"zhùhè chénggōng と"祝贺"zhùhè を使うと、これはすでに成功したことを「祝う、祝賀する」という意味になります。

祝 zhù 祈る　　**成功** chénggōng 成功（する）

05 メリークリスマス！
圣诞快乐！
Shèngdàn kuàilè!

◎◎ 聖誕（"圣诞" shèngdàn）とは聖人（"圣人" shèngrén）が誕生（"诞生" dànshēng）したという意味です。昔中国では聖人と言えば孔子のことだったので、当然孔子が誕生したという意味だったと思われますが、今はキリストが誕生したという意味で使われます。中国は世界のどこよりも静かにクリスマスを過ごす国の一つです。

圣诞 shèngdàn クリスマス

06 新年おめでとうございます！
新年好！
Xīnnián hǎo!

◎◎ 新年は祝祭の雰囲気の中で過ごすのが当然でしょう。中国では韓国の旧正月にあたる "春节" Chūnjié がにぎやかです。特に邪気をはらうため、あちこちで願いを込めて爆竹を鳴らしますが、そのせいで怪我をしたり、火事になったりすることが少なくありません。中国当局は毎年頭を悩ませています。

新年 xīnnián 新年, 旧正月

07 ご健康をお祈りします！
祝你身体健康！
Zhù nǐ shēntǐ jiànkāng!

◎◎ 挨拶の中では、やはり健康に関するのがベストでしょう。特に年配の方にはとやかく言わずに健康を祈る挨拶が最高です。祝祭日の頃には健康食品等が飛ぶように売れますが、ここからも中国人がどれほど健康を大事にしているかが伺えます。

身体 shēntǐ 身体　　**健康** jiànkāng 健康（である）

+ Cake muffin

Get the basics of global society through leaning of various foreign language!

right now plan!

あいさつに関するすべての表現！

1-3 ありがたいときはこのように！

introduction

ありがたさを実感することこそ人間と動物の区別だと言えるでしょう。中国でも、それは同じです。中国人は長い間、内乱と外侵でお互いに殺しあう苛酷な現実をくぐり抜け、生きる知恵を学んできた民族です。

---

01 ありがとうございます。
谢谢！
Xièxie!

中国人はありがたいときに"谢 xiè"を重ねて"谢谢"と言います。ときには感謝する相手を入れ"谢谢你！"Xièxie nǐ! とも言います。このように"谢谢"と同じ文字を２回繰り返して使うと語気がすこしやわらかくなる傾向があります。

谢 xiè 感謝する

02 とても感謝しています。
非常感谢！
Fēicháng gǎnxiè!

"非常" fēicháng は韓国では「正常でない」の意味ですが、中国では「普通でない」の意味で「とても」という意味にもなります。そして "感谢" gǎnxiè はありがたさを感じる、つまり「感謝する」という意味で、"谢谢" xièxie よりもうちょっと格式ばった表現です。

非常 fēicháng とても　　感谢 gǎnxiè 感謝する

03 ご遠慮なさらないでください。
不要客气。
Búyào kèqi.

"不要～" búyào～ の後ろに名詞が来ると「～(が)ほしくない」という意味の動詞になりますが、後ろに述語が来ると「～してはいけない」という禁止の意味を表します。"客气" kèqi は韓国語では「羽目をはずして豪快にふるまう」の意味で使われますが、中国では「お客様気分」ということから「遠慮深い、礼儀を備えている」という意味で使われます。

不要～ búyào～ ～してはいけない　　客气 kèqi 遠慮する

04 どういたしまして。
不用谢。
Búyòng xiè.

"不用～" búyòng～ は後ろに名詞が来ると「要らない」の意味ですが、動詞が来ると「～する必要がない」の意味になります。上で学んだ否定の命令形をつくる "不要～" búyào～「～するな」よりは意味が多少弱いと言えるでしょう。

不用～ búyòng～ ～する必要がない

あいさつに関するすべての表現！

05 お疲れ様でした。
辛苦了。
Xīnkǔ le.

"辛苦" xīnkǔ は「つらい」という意味で、苦労した人に使うねぎらいの言葉です。"了" le は本来完了の意味を表しますが、ここでは文末に使われ、ある状況になった、そういう事態が発生したことを表します。

辛苦 xīnkǔ 苦労する

了 le 状況の変化や新事態の発生を確認する語気助詞

06 当然のことです。
应该的。
Yīnggāi de.

"应该" yīnggāi は「後引と〜すべきだ」という意味を表す助動詞です。ここでは "的" de がついています。この "的" は断定を表すとされるもので、「（こういうことをするのは）当然のことなのです」と強く断定しているのです。ある行為を人から賞賛された時など、「当然のことをしたまでです」と謙遜して言うときに使います。

应该 yīnggāi 〜すべきだ、するのは当然だ

的 de 断定の語気を表す語気助詞

07 どういたしまして。
哪里哪里。
Nǎli nǎli.

"哪里" nǎli は「どの」という意味の "哪" nǎ と「中、内部」という意味の "里" lǐ を合わせて作られた語彙で「どこ」という意味です。そのほか、これをくり返して「どこどこ」と言うと、相手から褒められたときに謙遜な態度で否定して「いいえ、そんなことありません」という意味を表します。発音は náli のようになります。

哪里 nǎli どういたしまして

+ Eclair

Get the basics of global society through leaning of various foreign language!

right now plan!

30
right now plan!

あいさつに関するすべての表現！

1-4 CD 05

失礼？
反射的にお詫びしましょう！

introduction

素直に謝る人に誰が怒るでしょう？　孔子は「誤りを正すことを怖がるな（"过则勿惮改"）」と言いました。過ちは誰にでもあります。それを繰り返す中で自分を鍛えてゆくのではないでしょうか。ともかく中国語を話すことを怖がらないで一歩一歩進んで行きましょう。

01　すみません。

対不起。

Duìbuqǐ.

"对" duì は「〜に対する」という意味です。"不起" buqǐ は動詞に付けると「〜することができない」の意味になります。つまり「あなたに対することができない→顔向けできない」と言うのが原義です。とても使える表現です。

対不起 duìbuqǐ　すみません

02 本当にすみません。
真对不起。
Zhēn duìbuqǐ.

🔶🔷 "对不起" duìbuqǐ は必ず覚えておくべき重要な表現です。「すみません」と謝れば怒る人はいないでしょう^O^。しかも「本当に」という意味の "真" zhēn までつけて謝っているのに。"真" は本来形容詞ですが、ここでは副詞として使われています。

真 zhēn 本当に

03 お手数をおかけします。
麻烦你了。
Máfan nǐ le.

🔶🔷 "麻烦" máfan は「面倒である」という意味の形容詞です。このように形容詞の後ろに名詞がくるのは特別なことで、「あなたをわずらわせる→あなたに面倒をかける」という意味になります。「形容詞＋目的語」が使役の意味を表す使い方は多くはありませんが、時々見られます。

麻烦 máfan 面倒をかける

04 お許しください。
请原谅。
Qǐng yuánliàng.

🔶🔷 "请" qǐng は英語の please と同じです。"请" qǐng の後ろに動詞をつければ「～してください」という意味になります。もし言いたい動詞が思い出せない場合はそれと関連するものを指したり、身ぶり手ぶりで示しながら "请" と言えばよいのです。例えば、椅子を指して "请" と言うと「どうぞお座りください」という意味になります。

请 qǐng どうぞ（～してください）　　原谅 yuánliàng 許す

あいさつに関するすべての表現！

05 かまいません。
没关系。
Méi guānxi.

🔹🔷 中国人が日常的によく使う表現です。"没" méi は「ない」という意味で、"没关系" méi guānxi は「関係ない→かまいません」という意味です。相手が「すみません」と謝ってきた場合などに使います。

没 méi ない　　关系 guānxi 関係

06 なんでもありません。
没什么。
Méi shénme.

🔹🔷 "没什么事" méi shénme shì 「なんでもありません」の "事" shì を省略した表現です。ここで韓国語は「"什么"＋"事"」は「なんのこと？」ですが、"没什么" は「なにもない→なんでもない」です。

什么 shénme なに

07 大丈夫です。
不要紧。
Bú yàojǐn.

🔹🔷 これは "不要＋紧" ではなく、"不＋要紧" です。"要紧" yàojǐn は「重要だ」「大変だ」という意味で、それを否定して「大変ではない→大したことはない、大丈夫だ」になります。

要紧 yàojǐn 重要である

+ Stick candy

Get the basics of global society through leaning of various foreign language!

right now plan!

34
right now plan!

あいさつに関するすべての表現！

1-5

中国人と会うときは最大限に喜んでお迎えしましょう！

introduction

韓国では友達や先輩、後輩の間は「兄さん、姉さん、弟（妹）」とまるでお互いが家族のように呼び合っていますが、中国人は家族ではないと大体名前を呼びます。夫婦同士もお互い名前で呼んでいます。

>>

01 お会いできてとても嬉しいです。

见到你，很高兴。

Jiàndào nǐ, hěn gāoxìng.

"到" dào はある状況が成り立ったという意味で、ここでは「お会いできた」という意味を表しています。"很" hěn は「とても」という意味で、形容詞述語の前でよく使われますが、あえて「とても」と訳さなくても構いません。

见到 jiàndào 会う　　你 nǐ あなた　　很 hěn とても

高兴 gāoxìng 嬉しい

02 いかがお過ごしでしょうか？
过得怎么样?
Guòde zěnmeyàng?

◇◆ "过" guò は「時間を過ごす」あるいは名詞で「過ち」という意味です。"得" de は動詞や形容詞の後ろに使われ様態補語を導きます。すなわち、「過ごして、その過ごしっぷりは～、過ごした結果～」というように様態補語を導くのです。つまり、動詞"过" guò が実現して、その結果がどのようなのかを補充説明をするのです。

> 过 guò 過ごす　　得 de 補語を導く構造助詞
> 怎么样 zhěnmeyàng いかが

03 私は元気に過ごしています。あなたは？
我很好，你呢?
Wǒ hěn hǎo, nǐ ne?

◇◆ "呢" ne は日本語の「～は？」に相当し、名詞の後に添えます。特に相手の意向を聞くとき使うとよいでしょう。例えば、"你呢？" Nǐ ne?「あなたは？」あるいは "他呢？" Tā ne?「彼は？」のように軽く質問をするときに使えます。

> 呢 ne ～は？（語気助詞）

04 お仕事は忙しいですか？
工作忙吗?
Gōngzuò máng ma?

中国語では "工作" gōngzuò は「仕事、職業」の意味で、どこかの国の「工作員」というニュアンスはありません。

> 工作 gōngzuò 仕事、職業　　忙 máng 忙しい

05 まあまああいいです。
还可以。
Hái kěyǐ.

"还" hái を huán と発音すると「返す」という意味の動詞になりますが、ここのように "hái" で発音すると「まあまあ、まずまず」の意味になります。このように中国語では一つの漢字を違う発音で読んだり、声調を変えたりすると意味や用法が異なります。
"可以" kěyǐ は「〜してもよい」という意味で一般的に許可を表しますが、ここでは「よい、OK」という別の意味です。

还 hái まあまあ　　可以 kěyǐ 悪くない

06 ようこそ！
欢迎！
Huānyíng!

中国人が売店や家でお客をお迎えするときによく使う言葉です。歓迎する気持ちをもっと表現したいのであれば "欢迎" huānyíng の前に「熱烈な」という意味の "热烈" rèliè をつけると「熱烈に歓迎する」という意味になります。

欢迎 huānyíng 歓迎する

07 連絡をとりあいましょう。
多联系吧。
Duō liánxì ba.

「またお会いしましょう」という意味の "再见" zàijiàn と同じくよく使われる表現です。
"多" duō は本来「多い」という意味の形容詞ですが、"联系" liánxì の前に置かれ副詞的に「たびたび」という意味で使われます。別れしなに「これからお互いにちょくちょく連絡をとり合いましょう」という思いを伝えます。

多 duō たびたび　　联系 liánxì 連絡する
吧 ba 文末におき、語気をやわらげる語気助詞

+ Corn chips

Get the basics of global society through leaning of various foreign language!

right now plan!

1-6

別れる時のご挨拶は惜しむ気持ちをたっぷり込めて言いましょう！

introduction

中国は厳しい地形が多くそれぞれの地域が孤立しています。そういうわけで伝統的に農耕民族として個人よりは家族と社会を重視して、一つの地域内で生きてきたために、彼らが群れから離れる際には、とりわけ悲しみかつ再会を切望したのでしょう。

---

01 またお会いしましょう。

再见！

Zàijiàn!

中国は国土が広いので一たび別れるとしばらくは会える見込みが薄かったようです。それで中国人は信用を命のように大事にしているのではないかと思われます。二度と会わないと思えば会わないこともできます。「また会いましょう！」という言葉は私はあなたに顔むけ出来ないことはしていませんということでもあるのです。

再 zài 再び　　見 jiàn 会う

02 また明日。
明天见！
Míngtiān jiàn!

🔷🔷 中国には「明日には明日という日ある。明日がどれほど多いか！ もし毎日明日だけを待って無為に歳月を送れば何もできない」という名言があります。何もしないで明日が来るのをずっと待つことこそ愚かでしょう？ ^O^

> 明天 míngtiān あした

03 お見送りは結構です。
别送了！
Bié sòng le!

🔷🔷 "别"bié は「別の」という意味の形容詞ですが、ここでは「～するな」という意味です。つまり前に説明した"不要～"búyào～ と同じ使い方だと考えられますが、"不要～"の方が実際の会話では多く使われます。知人宅を訪問して、おいとまするとき、中国人は外へ出て見送ろうとします。そんなときこのセリフを言います。

> 别 bié ～するな　　送 sòng 見送る

04 よろしくお伝えください。
替我问好吧。
Tì wǒ wèn hǎo ba.

🔷🔷 "替"tì は「～に代って」という意味の前置詞です。これを"向"xiàng に換えて"向他问好吧。"Xiàng tā wèn hǎo ba. にすると「彼によろしくお伝えください」という意味になります。

> 替 tì ～に代って　　问 wèn 聞く、問う

05 お先に失礼します。
我先走了。
Wǒ xiān zǒu le.

　"先"xiān は先に何かをしたくて了解を得るときによく使う表現です。"先吃"xiān chī「先に食べる」、"先付钱"xiān fù qián「先に支払いする」等いろいろ活用できます。"走"zǒu は、この場を離れて行くことです。おしまいに"了"le をつけて「そういう事態になった」ことを表しています。

先 xiān 先に　　**走** zǒu 歩く、行く

06 お気をつけてお帰りください。
请慢走！
Qǐng màn zǒu!

　"慢走"màn zǒu と省略して言うこともできます。ここで"慢"màn は「ゆっくり」という意味です。よく中国人を「マンマンディ」と言いますが、この言葉はとてつもなく大きな大自然の前では、人間の能力は限りなく弱くちっぽけなので「まあ、のんびりゆこう」という意味で作られたそうです。

慢 màn ゆっくり　　**请** qǐng どうぞ（〜してください）

07 よい週末をお過ごしください。
过个好周末！
Guò ge hǎo zhōumò!

　中国は早くから週5日労働制を実施した国です。社会主義国家の中国は労働者のために理想的な勤労制度を作って実施しようと努力していますが、週末はわれわれのようにどこかに遊びに行ったりはしないし、人々が楽しめる施設もまだ不十分です。労働者の福祉問題はいまだになかなか解決しないようです。

过 guò 過ごす　　**个** ge 個数を数える量詞

周末 zhōumò 週末

語法 8 講
GOHOU HACHI KOU

1 語順と否定

中国語の語順ですが、まず主語があり、動詞があり、そのあとに目的語がきます。みなさんご存知の"我爱你"が典型例です。

▶ 我爱你。Wǒ ài nǐ.（私はあなたを愛してます）

日本語なら「あなた」を先に出し、「あなたを私は愛しています」と語順を変えても許されますが、中国語ではそんなことはできません。"你爱我。"Nǐ ài wǒ. なら「あなたは私を愛します」になります。次の二つは意味が違います。

▶ 我打他。Wǒ dǎ tā.（私は彼をなぐる）
▶ 他打我。Tā dǎ wǒ.（彼は私をなぐる）

二重目的語という文型もあります。目的語が二つあるものです。これも語順が固定していて、先に「人」、あとに「モノ」が原則です。

▶ 他给我一本书。Tā gěi wǒ yì běn shū.（彼は私に本を1冊くれた）

語順と言えば、もう一つ大事なポイントがあります。それは否定の言葉です。日本語では「行かない」ですが、中国語では"不去"です。先に否定辞を言うのです。

▶ 我不去。　　　Wǒ bú qù.
▶ 他不是学生。　Tā bú shì xuésheng.

否定辞は"不"のほかに常用のものとして"没"があります。こちらは「発生していない」と言うときに使います。

❶ 語順と否定

▶ 我没去。　　　Wǒ méi qù.（私は行かなかった）

その出来事や動作が発生していない、という時です。ですから、動作性のないもの、たとえば形容詞とか"是"（である）のようなものは永遠に"不"で否定します。

▶ 这个不好。　　Zhège bù hǎo.（これは良くない）

"不"と"没"の使い分けは重要です。「あなたは結婚していますか」とイケメンが聞いてきました。独身のあなたは次のどちらで答えますか。

▶ 我不结婚。　　Wǒ bù jiéhūn.　（私は結婚しません）
▶ 我没结婚。　　Wǒ méi jiéhūn.　（結婚していません）

人生が変わります。

Get the basics of global society through learning of various foreign language!

Part
TWO

自己紹介に必ず必要なすべての表現！

right now plan!

It's Indoors

part two 第 **2** 章 ○●○○○○○○

CD 08
自己紹介に必ず必要なすべての表現！

right now plan!

Get the basics of global society through leaning of various foreign language!

自己紹介に必ず必要なすべての表現！

photo joke ●照片笑话●

（写真撮影：陈学书）

从 明天 起, 我们 爱 吃 什么 就 吃
Cóng míngtiān qǐ, wǒmen ài chī shénme jiù chī

什么！
shénme!

明日から、私たち好きなもの食べ放題よ！
（ダイエット終了）

+ Truffe

Get the basics of global society through leaning of various foreign language!

right now plan!

48
right now plan!

自己紹介に必ず必要なすべての表現！

2-1 自信満々に自分を紹介しよう

CD 09

introduction

まず自分が誰なのか、自信をもって紹介しましょう。あなたのことを紹介できる最適任者はあなたです。自信満々でやりましょう。

>>

01 自己紹介をします。

自我介绍一下。
Zìwǒ jièshào yíxià.

◆◇ 日本では「紹介」と言いますが、中国では逆に"介绍" jièshào と言います。これ以外にも「相互」を"互相" hùxiāng、「平和」を"和平" hépíng などと言います。"一下" yíxià は「ちょっと〜する」という意味で、"看一下" kàn yíxià、"打一下" dǎ yíxià のように動詞の後ろに使われ「ちょっと見てみる」、「たたいてみる」という意味を表します。

自我 zìwǒ 自己、自分　　**介绍** jièshào 紹介(する)

02 私は佐藤和雄といいます。
我叫佐藤和雄。
Wǒ jiào Zuǒténg Héxióng.

✿❈ "叫" jiào は本来「叫ぶ」という意味の動詞ですが、自己紹介をするときには「〜といいます」という意味で使われます。また、「〜です」の意味の "是" shì を使って "我是佐藤和雄" とも言えます。英語の 'I am 〜' と同じ意味です。

叫 jiào 〜という

03 あなたのお名前は何と言いますか？
你叫什么名字?
Nǐ jiào shénme míngzi?

✿❈ 「なに」という意味の疑問代名詞 "什么" shénme に名前の意味の "名字" míngzi を付けると「なに名前」ではなく「なんという名前」です。その理由は漢字には形の上の変化がないからです。そして疑問代名詞も英語のように文の先頭に出て来ることがありません。常に分に従って己の居るべき場所を守らなければなりません。

什么 shénme なに、なんの　　名字 míngzi 名前

04 あなたはどこから来ましたか？
你是从哪儿来的?
Nǐ shì cóng nǎr lái de?

✿❈ "从" cóng は本来動詞で「従事する」という意味ですが、ここでは前置詞として「〜から」という意味で使われています。このように中国語の前置詞はもともとは動詞だったのです。"哪儿" nǎr は疑問詞ですが、英語とは違って本来の位置で「前置詞＋哪儿」の形で使われることを確認してください。

是〜的 shì 〜 de 実現済みのことについて、「いつ、どこで、誰が」などを説明する文型

哪儿 nǎr どこ

自己紹介に必ず必要なすべての表現！

05 私は東京から来ました。
我是从东京来的。
Wǒ shì cóng Dōngjīng lái de.

🔹🔹 「東京」はいつも Tokyo だと思っていると、中国語では Dōngjīng と聞いたことのないような発音になります。地名や人名など漢字で表記される固有名詞の宿命です。佐藤和雄さんもとんでもない響きになっていましたね。

从 cóng 〜から　　来 lái 来る

06 あなたの家はどこにありますか？
你家在哪儿？
Nǐ jiā zài nǎr?

🔹🔹 なにがどこに「存在する」というときの表現は"在〜"zài 〜です。中国の憲法では居住の自由をまだ保障していません。誰もが都市で暮らしたがるので、都市と農村間の混乱を避けるため居住地制限をしているのです。

家 jiā 家　　在 zài 〜(に)ある

07 私は横浜に住んでいます。
我住在横滨。
Wǒ zhùzài Héngbīn.

🔹🔹 "在"zài が「〜に住む」という意味の"住"zhù と一緒に使われ、"住在〜"で「〜に住んでいる」という意味を表します。"在"を結果補語と見なし、「住む」の結果としてそこに「存在する」という意味を表します。つまり、動作の結果がどのようになったかを補充説明する使い方です。

+ Cracker

Get the basics of global society through leaning of various foreign language!

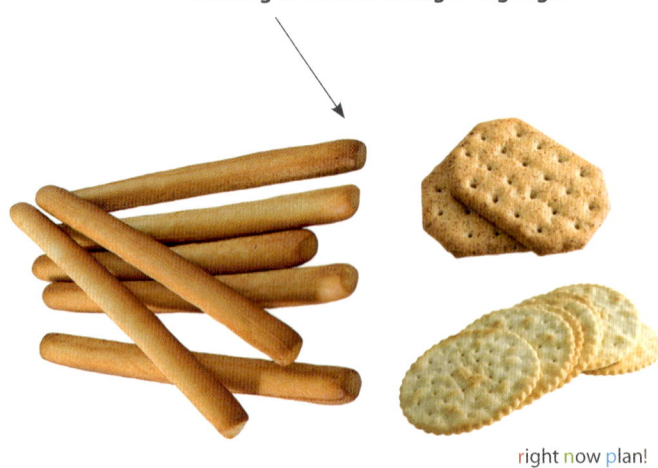

right now plan!

52
right now plan!

自己紹介に必ず必要なすべての表現！

2-2 職業が知りたいですか？

introduction

最近、中国の若者の失業問題がとても深刻です。中国はここ数年、10％以上の経済成長を遂げていますが、世界同時不況の波に巻き込まれています。ひょっとしたら最近の中国人は、以前の社会主義体制で職業が保障されていたころの生活を懐かしんでいるかも知れません。

---

01 私はサラリーマンです。

我是公司职员。

Wǒ shì gōngsī zhíyuán.

🔹🔹 日本語の漢語には現在中国で使われているのとは別の意味を持っている単語が少なくありません。中国語の"公司"gōngsī は日本語では使わない語で、「会社」という意味です。このようになった理由の一つは、中国が社会主義を採択して体制が変わり、日本と長い間交流がなかったからです。

公司职员 gōngsī zhíyuán　サラリーマン、会社員
（中国語の**公司职员**は女性も含む）

02 何のお仕事をしていますか？
你做什么工作？
Nǐ zuò shénme gōngzuò?

中国で最近最も人気がある職業は金融、不動産、電子、造船、自動車、IT関連の仕事です。全体的に産業構造が先進国タイプにシフトする体勢をとっていますが、いまだに農村で農業を主業とする人が少なくありません。中国も都市と農村の貧富差は簡単に解決できないようです。

做 zuò （ある仕事や活動を）する　　**工作** gōngzuò 仕事（する）

03 私は大学生です。
我是大学生。
Wǒ shì dàxuéshēng.

中国にも私立の大学ができてきました。大学生の大量生産がはじまったのです。ですから大学生はもはやエリートではありません。もちろん名門大学の学生は別でしょうが、就職活動も大変だと聞いています。昔は国家の分配に従っていたなんて夢のような話ですね。

大学生 dàxuéshēng 大学生

04 あなたはエンジニアですか？
你是工程师吗？
Nǐ shì gōngchéngshī ma?

中国の政治家の中で、トップの"胡锦涛"Hú Jǐntāo をはじめ理工系出身の人が多いようです。その理由は彼らが学生時代を過ごした文化大革命当時、ほとんどの人が理工系に進学するしかなかったからです。ところで上の質問に対し、「イエス」の場合は"是"shì「～です」と、「ノー」の場合は"不是"bú shì「～ではありません」と言います。

工程师 gōngchéngshī エンジニア

自己紹介に必ず必要なすべての表現！

05 どこの大学で勉強していますか？
你在哪个大学学习？
Nǐ zài nǎge dàxué xuéxí?

✿✿ "在哪儿" zài nǎr は単独で使われると、何かが「どこにある？／いる？」という疑問の表現ですが、次に動詞が来ると "在" zài は前置詞になり「前置詞＋目的語」の構造に変わって「どこで」になります。ここでは「どこの大学で〈動詞〉をする？」という意味になります。

哪个 nǎge　どれ、どの　　**大学** dàxué　大学
学习 xuéxí　勉強（する）

06 大阪で商売をしています。
在大阪做生意。
Zài Dàbǎn zuò shēngyi.

✿✿ "生意" shēngyi は文字通りだと「生きる意味」です。おそらく生きるためにまず商売を始めたことから、中国人は商売がうまいだろうと思います。

大阪 Dàbǎn　日本の地名　　**做** zuò　（ある仕事を）する
生意 shēngyi　商売

07 商売はどうですか？
买卖怎么样？
Mǎimai zěnmeyàng?

✿✿ "买卖" mǎimai は「商売」という意味です。日本語の「バイバイ」は "卖买"「売って買う」と言いますが、中国語では "买卖"「買って売る」と言います。"怎么样" zěnmeyàng は「どのような（怎么）＋ようす（样）」で「いかが」という意味です。相手に意向を聞くときによく使われる表現です。

买卖 mǎimai　商売　　**怎么样** zěnmeyàng　いかが

+ Peanut

Get the basics of global society through leaning of various foreign language!

right now plan!

56
right now plan!

自己紹介に必ず必要なすべての表現！

2-3 私はこんな趣味を楽しんでいます

CD 11

right now plan!

introduction

中国は急速な経済成長で日に日に発展しています。しかし、国民全体の平均水準からみると、豊かな生活を楽しめる段階まではもうちょっと時間が必要です。余暇生活は大体街でトランプ遊びや公園で太極拳、フォークダンス等で楽しむ場合が多いようです。

>>

01 あなたの趣味は何ですか？

你的爱好是什么?

Nǐ de àihào shì shénme?

"的" de は英語の('s)と同じく「〜の」という意味で使われ、後ろに来る名詞を修飾する役割をします。"你好" nǐ hǎo の "好" は形容詞で "hǎo" と読みますが、"爱好" àihào の "好" は動詞で "hào" と読みます。

的 de 〜の　　爱好 àihào 趣味、好む

02 私の趣味は読書です。
我的爱好是读书。
Wǒ de àihào shì dúshū.

🔷🔶 "读书" dúshū は動詞で、「読書する」という意味です。日本語では「読書」と「読書する」では品詞がちがいますが、中国語では "读书" という形しかありません。そして常に動詞です。では上のような文では "读书" の品詞はどう考えるのでしょう。「私の趣味は読書です」と訳していますが、"读书" の品詞はあくまで動詞と考えます。中国語の動詞は文中でそのまま目的語になれると考えるのです。

读书 dúshū 読書する

03 推理小説を読むのが好きです。
我喜欢看推理小说。
Wǒ xǐhuan kàn tuīlǐ xiǎoshuō.

🔷🔶 日本語では文が主語や目的語になるためには「〈推理小説を読む〉ノが」とか「〈推理小説を読む〉コトが」のように名詞フレーズの形にしなければなりません。ところが中国語では "看推理小说" kàn tuīlǐ xiǎoshuō（推理小説を読む）というフレーズはそのままの形で、主語や目的語になることが可能です。動詞 "读书" がそのままの形で主語や目的語になることができるのと同じ現象です。なお、一般的に「本を読む」というときには "读" dú ではなく、"看" kàn を使います。

推理小说 tuīlǐ xiǎoshuō 推理小説　　看 kàn 読む、見る

04 私は音楽に興味があります。
我对音乐感兴趣。
Wǒ duì yīnyuè gǎn xìngqù.

🔷🔶 "对" duì は本来「対応する」という意味の動詞ですが、ここでは前置詞として使われ「〜に対して」という意味になります。音楽は人間の心を純化させる役割をするとして、孔子もとても重んじた科目です。昔から音楽は国を治める道具と見なされていたようです。

对 duì 〜に対して　　音乐 yīnyuè 音楽　　感 gǎn 感じる

兴趣 xìngqù 興味

05
暇なときは公園で太極拳をします。

有空儿，在公园打太极拳。
Yǒu kòngr, zài gōngyuán dǎ tàijíquán.

余暇や暇のことを日常会話では"时间"shíjiān よりも"空儿"kòngr を使います。ここでの"空儿"kòngr は「空き」という意味です。「叩く」の意味の"打"dǎ は、ここでは何かを叩くという意味ではなく「電話をかける」("打电话"dǎ diànhuà)と同じく「～をする」という意味の代動詞として使われます。

空儿 kòngr 余暇、暇　　公园 gōngyuán 公園　　打 dǎ ～する
太极拳 tàijíquán 太極拳

06
私は映画を見るのが好きです。

我喜欢看电影。
Wǒ xǐhuan kàn diànyǐng.

日本語では「映画が好きです」という所、中国語では「映画を見るのが好きです」と言います。「野球が好きです」も「野球をするのが好き」("我喜欢打棒球"wǒ xǐhuan dǎ bàngqiú)あるいは「野球を見るのが好き」("我喜欢看棒球"wǒ xǐhuan kàn bàngqiú)となります。動詞をわざわざ言うわけです。もちろん「中国が好き」などという場合は"我喜欢中国"wǒ xǐhuan Zhōngguó となります。「彼が好き」なんていう場合もそうです。"我喜欢他"wǒ xǐhuan tā まるごと好きな場合はこのようになります。

喜欢 xǐhuan 好きである　　看 kàn 見る　　电影 diànyǐng 映画

07
囲碁を楽しむ。

下棋取乐。
Xià qí qǔ lè.

中国は囲碁の宗主国としてとても自負心が強いです。しかし最近韓国の棋士に世界囲碁大会を席巻されるや心が痛んでいるようです。奮発しようと努力はしているようですが、思うようにうまくいかないみたいです。日本の相撲や柔道もそうですが、それだけ国際化したのだと考える、広い度量がほしいですね。

下棋 xià qí 囲碁(将棋)を打つ　　取乐 qǔ lè 楽しむ

+ Chocolate

Get the basics of global society through leaning of various foreign language!

right now plan!

60
right now plan!

自己紹介に必ず必要なすべての表現！

2-4 見た目が気になるでしょう？

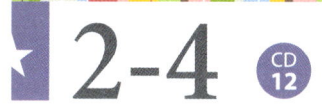

introduction

昔は官吏を登用するとき「身言書判」といって「身体、言葉遣い、文筆、判断力」を基準に人を評価しました。ここでの身体とは容貌と風采だけではなく、人の顔に現れている健康状態の度合いも含まれます。人は常に活気と自信を持つことが何よりも大切なのでしょう。見た目のきれいなものは食べても美味しく感じるように。

---

01 私は身長が175センチです。

我身高一米七五。
Wǒ shēngāo yì mǐ qī wǔ.

◆◇ "一米七五" yì mǐ qī wǔ のように数量を表す言葉は名詞の形ですが、文中ではよく述語になって「175センチです」の意味になります。読み方も要注意です。"一米七五" yì mǐ qī wǔ のように度量衡の最後の単位の「センチ"公分" gōngfēn」は普通省略します。このように数量表現、たとえば日付、曜日、年齢などは、そのままの形で述語になります。

身高 shēngāo 身長　　米 mǐ メートル　　七 qī 7

02 彼は外見はどうなの？
他长得怎么样?
Tā zhǎngde zěnmeyàng?

🔶🔷 "长" zhǎng は動詞で「成長する」という意味ですが、名詞のときは「年長である、頭」等の意味になり "校长" xiàozhǎng（校長、学長）、"厂长" chǎngzhǎng（工場長）などがその例です。形容詞として「長い」という意味で使われる場合は "长" cháng と読みます。品詞が変わることによって発音が変わる例です。

长 zhǎng 成長する、生える　　得 de 様態補語をみちびく構造助詞

03 私はメガネをかけます。
我戴眼镜。
Wǒ dài yǎnjìng.

🔶🔷 "戴" dài は "戴帽子" dài màozi「帽子をかぶる」、"戴花" dài huā「花をつける」のように取りはずしできるものを身につける意味の表現です。これまではメガネをかけている中国人は少なかったのですが、これから更なる経済発展に伴い、中国人のメガネの需要はますます増えていくでしょう。

戴 dài かぶる、かける　　眼镜 yǎnjìng メガネ

04 お元気そうですね。
我看你很健康。
Wǒ kàn nǐ hěn jiànkāng.

🔶🔷 "我看" wǒ kàn「私からみると」は、自分の意向や意見を言うときよく使います。このあとに "很好" hěn hǎo という一言をつけると「私はとてもいいと思います」となり、いろいろ活用できます。

健康 jiànkāng 健康である

自己紹介に必ず必要なすべての表現！

05 あなたは本当にきれいですね。

你真漂亮。

Nǐ zhēn piàoliang.

いくら聞いても飽きない言葉でしょう^O^。中国語で「洗浄する」という意味の"漂"piǎo と「光る」という意味の"亮"liàng を合わせると「美しい」という意味になります。たぶん中国で水が貴重な頃、しょっちゅう洗うことができなかったため、たまに洗うときれいに見えることから作られた言葉ではないかと思われます。^O^

真 zhēn 本当に **漂亮** piàoliang きれいである、美しい

06 彼は今も相変わらずです。

他还是那个样儿。

Tā háishi nàge yàngr.

"还" hái を "huán" に発音すると「返す」という意味の動詞ですが、ここのように副詞で使われると"hái"と発音し「まだ、相変わらず」という意味になります。中国語は発音や声調が変わることによってときには品詞も変わり、意味もまったく違ってくる場合がありますので気をつけてください。

还 hái まだ、やはり **那个** nàge その、それ
样儿 yàngr 形、様子

07 見た目で人を判断しないでください。

不要以貌取人。

Búyào yǐ mào qǔ rén.

"以" yǐ は理由や根拠を表す「〜でもって」という意味で、"以貌" yǐ mào は「見た目で」という意味になります。人を遍く愛するよう呼びかけていた博愛主義者墨子も美人に対して"人多求之" rén duō qiú zhī (人、多くこれを求める) と言ったように、人々が美しいのを好むのは古今東西を問わず同じようです。

不要〜 búyào 〜 〜してはいけない **以** yǐ 〜で

+ Dried fruit

Get the basics of global society through leaning of various foreign language!

right now plan!

自己紹介に必ず必要なすべての表現！

2-5 性格はいかがでしょうか？

introduction

孔子は "性相近，习相远" xìng xiāng jìn, xí xiāng yuǎn「性相近し、習相遠し」と言いました。それは「人の生まれつきの本性はみんな似たようなものだが、後天的習慣が人を変える」という意味です。これに対して孟子は性善説を説き、荀子は性悪説を唱えました。結局彼らが考えたのは「人間の本性とは何か」という問題です。

>>

01 私は明るい性格です。

我性格开朗。

Wǒ xìnggé kāilǎng.

◆◇ この文で主語は "我" wǒ で、述語は "性格开朗" xìnggé kāilǎng です。ところでこの "性格开朗" がまた「主語＋述語」の形になっています。つまり「性格が明朗だ」という意味です。こういうのを主述述語文と言います。「象は鼻が長い」タイプの文ですね。

性格 xìnggé 性格　　**开朗** kāilǎng 明るい

02

私は比較的外交的な性格です。

我性格比较外向。

Wǒ xìnggé bǐjiào wàixiàng.

中国人の性格を「のんき」だと言う時代はもう過ぎたようです。社会主義市場経済を導入しはじめてから、熱心に努力すればもっと多くの報酬が与えられるのを知って、利益よりは人情を大事にして来た昔の精神がだんだん希薄になっているようです。

比较 bǐjiào 比較的　　**外向** wàixiàng 外向的

内向 nèixiàng 内向的

03

とても優しい性格です。

性子很温柔。

Xìngzi hěn wēnróu.

孔子の中心思想は"仁"rén です。人々への思いやりです。しかし"温柔"wēnróu（優しい）であることはいいかも知れませんが、複雑なこの世界では、ちょっと薄情であっても合理的な法の論理をつらぬかなければならないのかも知れません。このような考えがまさに韓非子の法家思想なのです。

性子 xìngzi 性格　　**温柔** wēnróu 優しい

04

私は本気で怒りました。

我真发脾气了。

Wǒ zhēn fā píqi le.

"脾气"píqi も性格という意味ですが、中性的な意味の他に、悪い性格を言うときよく使われます。ですから"发脾气"fā píqi で「性格を発する→怒る」となるわけです。この他に"有脾气"yǒu píqi「怒りっぽい、難しい人だ」という言い方もあります。

发 fā 発生する　　**脾气** píqi 性質、癖

05 彼は気前のよい人だ。

他为人很大方。

Tā wéirén hěn dàfang.

🔸🔸 "为人" wéirén の "为" wéi は「～になる、～とする」との意味の動詞で「人になる」ということですが、ここでは「人となり」という意味で使われています。一方 "为人担忧" wèi rén dānyōu は「人のために心配する」という意味で、ここの "为" wèi は前置詞として「～のために」という意味を表します。

为人 wéirén 人となり　　大方 dàfang 気前がよい

06 あなたはいつも利己的だ。

你什么时候都是自私的。

Nǐ shénme shíhou dōu shì zìsī de.

🔸🔸 楊子は「為我主義」の代表者です。例え自分の髪の毛一本で世界が救われるとしても抜いてあげないと言ったのです。彼は、単に人それぞれが極めて大事な存在であることを言いたかっただけなのでしょう。しかし、人から "自私" zìsī と評されるのは避けたいですね。

什么时候 shénme shíhou いつ　　都 dōu 全部、みな

自私 zìsī 利己的

07 彼は私に冷たいです。

他对我的态度很冷淡。

Tā duì wǒ de tàidu hěn lěngdàn.

🔸🔸 "对" duì はここでは前置詞「～に対して」の意味で使われ、主にある対象を導きます。"的" de は後ろに来る名詞を修飾する役割です。"态度" tàidu は日本語でも「態度」と言いますが、中国語のそれは後が軽声になりますから注意してください。

对 duì ～に対する　　态度 tàidu 態度　　冷淡 lěngdàn 冷たい

+ Valentine chocolate

right now plan!

Get the basics of global society through
leaning of various foreign language!

自己紹介に必ず必要なすべての表現！

2-6 家族関係を伺ってもよろしいでしょうか？

introduction

中国が先進国へと跳躍するのにもっとも大きな障害になるのは人口問題です。いくら稼いでも人口が多いため豊かになれないからです。それで一人っ子政策を実施してから30年が過ぎましたが、中国人の平均寿命が延びたせいか、人口はどうも減っていません。

>>

01 家には父、母と弟がいます。

我家有爸爸、妈妈和一个弟弟。
Wǒ jiā yǒu bàba、māma hé yí ge dìdi.

家族を言うとき"爸爸、妈妈、弟弟"のように同じ漢字を二回繰り返します。本来一文字だけでも意味が分かりますが、聞き手が分かりやすいように二回繰り返すのです。後ろの文字は軽声ですから軽く読みます。親族呼称はこういうタイプが多いですね。英語のパパ、ママもそうですし、日本語も「ちち、はは、じじ、ばば」です。

家 jiā 家　　爸爸 bàba お父さん　　妈妈 māma お母さん
和 hé ～と　　个 ge 人あるいはものを数える量詞　　弟弟 dìdi 弟

02 私には兄弟がいません。
我没有兄弟。
Wǒ méiyou xiōngdì.

◆◆ これは中国の都市の子たちがよく使う表現です。彼らを別の言い方で"小皇帝"xiǎo huángdì とも言いますが、これは家族から手厚く愛されているという証です。それで最近の中国の子供たちは以前よりずっと利己的でわがままだと言われています。

没有 méiyou ない、いない　　兄弟 xiōngdì 兄弟

03 私は一人っ子です。
我是独生子。
Wǒ shì dúshēngzǐ.

◆◆ "独生子"dúshēngzǐ は文字どおりですと「ただ一人で生まれた男の子」という意味ですが、なんと韓国では聖書でイエスを呼ぶ言葉として使います。これは朝鮮時代末期に中国から伝わって来た漢訳聖書を直訳するとき、"独生子"がイエスを呼ぶ言葉として決められたからだそうです。

独生子 dúshēngzǐ 一人っ子

04 私は三人子供を産みました。
我生了三个孩子。
Wǒ shēngle sān ge háizi.

◆◆ "计划生育"jìhuà shēngyù と称する人口政策を強力に実行する中国で、子供を三人も産んだということは本当に珍しいことです。重い罰金を課せられるか、各種社会保険で不利益が与えられる等、親や子供の社会活動に影響が及びます。逆に考えれば、罰金など平気な富裕層が子供をあえて多く生むこともあるそうです。

生 shēng 産む　　三个 sānge 三つ、三人　　孩子 háizi 子供

05 こちらは私の家内です。
这是我爱人。
Zhè shì wǒ àiren.

日本語とは異なる使い方をする漢字はわれわれを面食らわせます。"爱人" àiren は中国では夫婦関係で夫または妻のことを言います。とても仲のよい男女関係にある人、つまり「恋人」は"情人" qíngrén と呼んだり、あるいは心に思う人との意味で"心上人" xīnshàngrén とも言います。

爱人 àiren 夫または妻　　情人 qíngrén 恋人、愛人

06 週末は子供の世話をします。
周末看孩子。
Zhōumò kān háizi.

"看"を第四声で読むと「見る」という意味ですが、第一声で読むと「番をする、介護する」という意味になります。ですから見守る意味の"看门" kān mén「留守番をする」や"看病人" kān bìngrén「病人を介護する」の場合は、第一声で読みます。

周末 zhōumò 週末　　看 kān 見守る、お世話をする
孩子 háizi 子供

07 子供は本当に言うことを聞きません。
孩子真不听话。
Háizi zhēn bù tīnghuà.

日本語の「言うことを聞く」という表現には「従う」の意味が含まれるように中国語も同じです。母親が子供にむかって、よく"听话啊！" Tīnghuà a!（言うことを聞きなさい）と言うのも日中共通です。

真 zhēn 本当に　　听话 tīnghuà 言うことを聞く

語法 8 講
GOHOU HACHI KOU

2 疑問文

疑問文の作り方です。一番簡単なのは、最後を尻上がりに言うことです。

▶ 你是学生⤴?　Nǐ shì xuésheng⤴?（あなたは学生？）

話し言葉で、相手に向かって、上り調子で言う。これで質問しているのだと分かります。「上り調子」に代わるものが、文末の"吗"ma です。

▶ 你是学生吗?　Nǐ shì xuésheng ma?（あなたは学生ですか）

"吗"を付けたのですから、もう「上り調子」にする必要はありません。

▶ 他来吗?　Tā lái ma?（彼は来ますか）

述語を「肯定＋否定」にするという方策もあります。反復疑問文と呼びます。

▶ 他来不来?　　Tā lái bu lái?　　（彼は来ますか）
▶ 你看不看报?　Nǐ kàn bu kàn bào?（あなたは新聞を見ますか）

これも、「肯定＋否定」という形で疑問を表しているので、さらに文末に"吗"をつけてはいけません。また「上り調子」にする必要もありません。
　次は疑問詞によるものです。やはり疑問詞という疑問文を作るための方策を使っているのですから、文末の"吗"は要りません。

▶ 你去哪儿?　Nǐ qù nǎr?　　　（どこへ行くのですか）
▶ 这是什么?　Zhè shì shénme?（これは何ですか）
▶ 他是谁?　　Tā shì shéi?　　（彼は誰ですか）

自己紹介に必ず必要なすべての表現！

❷ 疑問文

中国語では疑問詞疑問文であっても、語順は平叙文のそれと同じです。*what* や *who* のように文頭に出てくることはありません。

- 明天几号？　　Míngtiān jǐ hào?　（明日は何日ですか）
- 汉语怎么样？　Hànyǔ zěnmeyàng?　（中国語はどうですか）

最後に、"吗" ma のような疑問を表す語気助詞は他にもあります。一つは "吧" ba です。これは「語気を和らげます」から、穏やかな「推測（〜でしょう）」などを表します。比較してください。

- 这是你的吗？　Zhè shì nǐ de ma?　（これはあなたのですか）
- 这是你的吧？　Zhè shì nǐ de ba?　（これはあなたのでしょ）

名詞フレーズに直接つく "呢" ne という変わり種もあります。これは日本語の「〜は？」に当たります。

- 他呢？　　　　　　Tā ne?（彼は？〈彼はどこにいる？〉）
- 我吃饺子，你呢？　Wǒ chī jiǎozi, nǐ ne?
  （私は餃子を食べるけど、あなたは？〈あなたは何を食べる？〉）

文脈によって、表す意味が変わりますから要注意です。

Get the basics of global society through learning of various foreign language!

Part
THREE

対話を導くすべての表現！

right now plan!

It's Indoors

part three 第 **3** 章 ○○○**○**○○○○

CD 15
対話を導くすべての表現！

right now plan!

Get the basics of
global society through
leaning of various foreign language!

対話を導くすべての表現！

pHoto joke ●照片笑話

（写真撮影：郭世虎）

买 一 个 吧， 跟 老公 打架 的 时候 也
Mǎi yí ge ba, gēn lǎogōng dǎjià de shíhou yě

很 有 用处！
hěn yǒu yòngchu!

おひとつどうですか。
旦那と喧嘩のときにも役に立ちますよ！

+ Chocolate cake

Get the basics of global society through leaning of various foreign language!

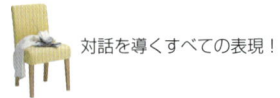

right now plan!

対話を導くすべての表現！

3-1 イエス、ノー！をはっきりしなさい！

introduction

世の中のことはそう思い通りにはうまくいきませんよね。特に中国語は漢字の語尾が活用することがなく、文中での役割を明らかにする格助詞のような要素もないため、とても直感的な言語と言えます。すなわち、よく聞いて、たくさん読み、洞察力を働かせてこそ理解することができるのです。この間、韓国で中国語を勉強すると頭が良くなるとの調査結果が出たのもこれが理由なのです。

---

01 イエス / ノー
是的 / 不是。
Shì de / Bú shì.

"是" shì は「〜です」という意味ですが、指示代名詞としては「これ」、副詞としては [確かに、本当に] という意味があります。なぜこれが「イエス」の意味になるかと言うと、[これ]と[それ]の中で、自分の近くのこれが正しいと思うからです。このように、中国人は近くにいる自分を常に中心に置いて物事を判断する傾向があります。

是 shì 〜だ 　　 的 de 〜なのだ（強調の意味を表す語気助詞）

02 わかりました / わかっています
明白了 / 知道了。
Míngbai le / Zhīdao le.

◐◈ "明白"míngbai と "知道"zhīdao は両方とも「わかる」という意味ですが、"明白"míngbai は「内容を理解する」という意味あいです。英語で"I see"と言うようなものです。"知道"zhīdao は「情報を得る、得ている」という意味です。なお、後ろの文字は軽声で読みます。

明白 míngbai 分かる　　**知道** zhīdao 知っている

03 そうです / 当然です
对了 / 当然！
Duì le / Dāngrán!

◐◈ "对"duì は動詞の「相対する」という使い方以外にも、ここでは互いに向かい合って相対している状況を表し、「正しい」あるいは「そうだ」という意味の形容詞として用いられます。"当然"は「もちろんです、当然です」という意味です。

当然 dāngrán 当然だ、当たり前だ

04 あなたはどう思う？
你怎么想?
Nǐ zěnme xiǎng?

◐◈ "怎么"は2つあります。方式・やり方をたずねる"怎么"（どのように）と、理由をいぶかってたずねる"怎么"（なぜ）です。後にすぐ動詞が続く場合は方式の"怎么"用法が多いですね。「どのように考えるか」です。

怎么 zěnme どう　　**想** xiǎng 思う

対話を導くすべての表現！

05 私は賛成です。あなたは？

我同意。你呢？
Wǒ tóngyì. Nǐ ne?

"〜呢"〜ne は名詞の後に添え、「〜は？」という意味を表します。いきなり"他呢？"Tā ne? と言えば「彼はどこに居る？」という意味です。文脈の中ではいろいろな意味を担います。例えば上の例では「あなたは賛成ですか」と相手の意向や状況を聞いています。"今天呢？"Jīntiān ne?（今日は？）"我呢？"Wǒ ne?（私は？）など、使われている場面で判断しましょう。

同意 tóngyì　同意（する）

06 私の言った通りでしょ。

我说对了吧。
Wǒ shuōduì le ba.

"说对" shuōduì は「動詞＋結果補語」という構造です。つまり「言って、それが正しかった」ということです。"说错" shuōcuò なら「言いまちがえた」となります。文末の"吧"は「そうでしょ？」という、語気を柔らげるものです。

说 shuō　話す

07 まったく。

真不像话。
Zhēn bú xiànghuà.

"像" xiàng は「似ている」という意味ですが、"像话" xiànghuà は「話らしい話になる」となり、「筋道の通る話」という意味です。これを否定した"不像话" bú xiànghuà は「話にならない」という意味で、相手の言うことを否定する時に使う表現です。

真 zhēn 本当に　　像 xiàng 〜に似ている　　话 huà 話し

+ Cocoa cookie

Get the basics of global society through leaning of various foreign language!

right now plan!

82
right now plan!   対話を導くすべての表現！

3-2 一発でできる疑問詞表現！

CD 17

right now plan!

introduction

「5W1H」に従って話す習慣は重要ですが、中国人は昔から項目ごとに順を追って問い詰めることにあまり慣れていません。中国は「真善美」の中で、物事の真実を語る「真」よりは「善良」を意味する「善」を重視してきました。つまり、知識の豊かな人より、人間性にすぐれた「よい人」を重視しているようです！

>>

---

01 あの人は誰ですか？

他是谁?
Tā shì shéi?

疑問詞が使われる文では、疑問を表す語気助詞の"～吗"～ma をつけません。また英語の 'Who are you?' のように疑問詞を文の一番前に置くこともしません。これは中国人の実用的な考え方なのです。疑問詞"谁"shéi があれば疑問文であることが分かるので、さらに"吗"ma をつけて疑問を重ねる必要がないと思うからです。

谁 shéi だれ

02 トイレはどこにありますか？
厕所在哪儿？
Cèsuǒ zài nǎr?

つい最近まで、中国のトイレは私たちにとってショッキングな存在でした。公衆トイレには大体ドアがついてなかったからです。それにはいくつかの理由がありますが、その一つは中国では山林資源が足りないからだそうです。

厕所 cèsuǒ トイレ　　哪儿 nǎr どこ

03 私たちいつ行きましょうか？
我们什么时候去？
Wǒmen shénme shíhou qù?

中国語では「いつ」を表す独立した単語がなく、"什么时候" shénme shíhou のように「何＋時間」の形式で表します。過去、現在、未来といった動詞活用の変化（テンス）がないように、中国人はもともと時間に縛られなかったようです。

我们 wǒmen 私たち　　时候 shíhou 時刻、時　　去 qù 行く

04 これは何ですか？
这是什么？
Zhè shì shénme?

「これは何ですか」です。What is this? ですが中国語は This is what? ですね。疑問詞だからといって前に出てきません。「お前は何者だ」という時は"你是什么人？" Nǐ shì shénme rén? です。人を「もの」という意味の"东西" dōngxi に変え、"什么东西" shénme dōngxi（何をしてるやつ）とも言います。が、これは喧嘩になるでしょう。

这 zhè これ　　什么 shénme なに　　东西 dōngxi もの

05 これはいくらですか？
这个多少钱？
Zhège duōshao qián?

"多少" duōshao は「多いか少ないか」の意味で、一定しない数を聞く時に使う疑問詞です。"多少钱" duōshao qián は、お店で値段を聞く時に使う大切な表現です。"很贵，便宜点儿吧！" Hěn guì, piányi diǎnr ba! は「値段が高いので少し安くしてください！」という意味なのでみなさん覚えておいてください。

多少 duōshao いくら　　钱 qián お金

06 何がほしいですか？
要什么？
Yào shénme?

"什么" shénme「なに」と"哪个" nǎge「どれ」は似たような意味を表せますので、ここでは交換して使っても構いません。"什么" shénme のような二音節語は、ちょっと珍しいのですが、これらは昔インドから入ってきた仏典を翻訳する過程で影響を受けできた言葉なのです。

要 yào ～がほしい、～をもらう　　哪个 nǎge どれ

07 中国語でどういいますか？
汉语怎么说？
Hànyǔ zěnme shuō?

中国では中国語を"汉语" Hànyǔ と言います。なぜならば、中国の多くの少数民族も自分なりの言語を持っているので、それらと区別するため「漢民族の言語」としたのです。"怎么说" zěnme shuō は「どのように言うか」です。何かの名称を聞く時や、ある言葉が思い浮かばない時「なんというんだっけ？」のように、次に言うべき言葉を考える間、つなぎとしても用いられる表現です。

汉语 Hànyǔ 中国語　　怎么 zěnme どのように、なぜ

+ Cocoa cookie Sand

Get the basics of global society through leaning of various foreign language!

right now plan!

対話を導くすべての表現！

3-3

**気になりますか？
直ちに聞いてみなさい！**

introduction

「学問」とは「学んで問う」ことです。孔子も学んで覚えるのは本当に嬉しいことで、分からないことがあったら身分を問わずに聞きなさいと言いました。誰でも全ての面で優れているとは限らないので、一層心に刻んでおくべき言葉です。

---

01 すこしお尋ねしてもいいですか？
请问一下。
Qǐngwèn yíxià.

「请＋動詞」は「〈動詞〉してください」という意味です。"请坐" qǐng zuò（おかけください）のように。ところが"请问"qǐngwèn は「訊ねてください」ではなく「お訊ねしますが」という例外的な表現です。孔子はまぐさを切ることや、牛や羊を飼うことについてはきこりや牧童に聞くべきだと言いました。それはいくら学識の豊かな人でも、全ての面をカバーできるとは限らないからです。

问 wèn 聞く　　一下 yíxià ちょっと〜する、〜してみる

02 質問があります。
我有问题。
Wǒ yǒu wèntí.

◇◇ "问题" wèntí は日本語でも「問題」ですが、中国語ではもう少しいろいろな事に用いる言葉です。機械の故障や意外な事故が起きた時はもちろん、ここにあるように、ある問題についての質問や疑問を感じた時 "举手发问" jǔ shǒu fā wèn「手を上げて質問する」時にも、よく使われます。

问题 wèntí 問題、質問、故障

03 一言も言いません。
一句话也不说。
Yí jù huà yě bù shuō.

◇◇ 目的語の「一言」が文頭にきて、"也" yě (〜も) は強調の意味を表します。孔子が論語で "敏於事而慎於言" mǐn yú shì ér shèn yú yán と言ったのは「行動はすばやく、言葉は慎重に」という意味です。それで中国人は昔から言葉を惜しんで発言しているのです。

句 jù 句（言葉を数える単位）　**话** huà 話し　**也** yě 〜も

04 例の件はちゃんとできましたか？
那件事办好了吗?
Nà jiàn shì bànhǎo le ma?

◇◇ "办好了" bànhǎo le の "好" hǎo は動詞 "办" bàn の後ろについて、動作の結果を表します。すなわち、「処理する」という意味の動詞 "办" bàn の結果が「よい」ということです。これを結果補語と言うのでした。

那件事 nà jiàn shì あの件　**办** bàn 処理する

05 中国語で話してかまいませんか？
说汉语可以吗？
Shuō Hànyǔ kěyǐ ma?

"可以" kěyǐ は許可され「〜してもよい」という意味を表します。"可以吗？" Kěyǐ ma? と聞くと、ある事柄や状況について「大丈夫なのか、さしつかえがないか」を聞く時に使う表現です。また「可以＋動詞」の形で使うと「〈動詞〉することがさしつかえない」の意味になります。"可以说汉语吗？" Kěyǐ shuō Hànyǔ ma? は「中国語で話してよいですか？」の意味になります。

说 shuō 話す　　可以 kěyǐ 〜してもよい、〜できる

06 助けてください。英語が話せません。
请帮我一下。我不会说英语。
Qǐng bāng wǒ yíxià. Wǒ bú huì shuō Yīngyǔ.

"会" huì はある種の技能を学習して「〜することができる」の意味の助動詞です。英語を学んで話せるわけです。"可以说英语" kěyǐ shuō Yīngyǔ は「英語で話してもよい〈許可〉」の意味や「英語で話すことにさしさわりはない」の意味で、助動詞"会" huì を使う場合に比べ、若干語感の差があります。

帮 bāng 助ける　　会 huì 〜することができる
英语 Yīngyǔ 英語

07 どうしてそのようなことを言うのですか？
你怎么说那样的话？
Nǐ zěnme shuō nàyàng de huà?

"祸从口生" huò cóng kǒu shēng という諺があります。口は災いの元なので言葉はいつも慎重に言うべきだという意味です。「あんな、そんな」を表す"那样" nàyàng が次に出てくる名詞を修飾するためには、日本語の「〜の」という意味の"的" de を用いる必要があります。ここの"怎么"は why? の意味のほうです。

怎么 zěnme どうして　　那样 nàyàng あんな、そんな

\+ donut

Get the basics of global society through leaning of various foreign language!

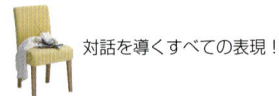

right now plan!

90
right now plan!

対話を導くすべての表現！

3-4 CD 19

right now plan!

聞き取れませんでしたか？
もう一度聞いてみなさい！

introduction

中国には漢族を含め56の民族が住んでいます。現在中国では標準語という普通話の普及につとめていますが、みんなが流暢に話せるようになるのは遠い先の話です。それで、中国人は自分の言うことを相手が聞き取れないと、多分ほかの地方の人だろうと思うので、こちらとしては気遣うことなく何度聞いても決して失礼にはなりません。

---

01 なんと言いました？

你说什么?
Nǐ shuō shénme?

あまりよい語感がする言い方ではありません。"什么" shénme を単独で用いると日本語でも「なに？」という意味になるので、ちょっと礼儀に欠けるように思われます。"请再说一遍" qǐng zài shuō yí biàn（もう一度言ってください）の方が丁寧な言い方です。

说 shuō 話す

一遍 yí biàn 一度、一回（動作の始めから終わりまでの全過程をさす）

02 もう一度みてください。
请再看一遍。
Qǐng zài kàn yí biàn

✡✡ "再" zài は "再见" zàijiàn における「再び」の意味で、"再等" zài děng「もうちょっと待つ」"再吃" zài chī「もうちょっと食べる」と同じく「もうちょっと」という意味でも用いられます。"看" kàn と "见" jiàn は両方とも「見る」という意味ですが、"见" jiàn は「人と会う」とき、"看" kàn は「ものを見る」とき多く用いられます。

再 zài 再び、もっと

03 もう少しゆっくり話してください。
请慢一点儿说。
Qǐng màn yìdiǎnr shuō.

✡✡ "一点儿" yìdiǎnr は「少し、ちょっと」という意味ですが、「形容詞＋一点儿」の形にすると「少し（形容詞）」の意味になります。発音のとき "一点" yìdiǎn に "r" を付け加え "ル化"（アルカ）しますが、[n] が脱落し "一点儿" yìdiǎr と読みます。

慢 màn ゆっくり　　一点儿 yìdiǎnr 少し、ちょっと

04 そういう意味ではありません。
我说的话不是那个意思。
Wǒ shuō de huà bú shì nàge yìsi.

✡✡ "言不尽意" yán bú jìn yì は「言葉だけでは自分が言いたいことを全部表現できない」という意味です。これは禅宗の有名な命題です。中国語が格助詞や動詞、形容詞の語尾変化等がなく、直感的に構想された言語ですから、このような表現ができたのです。

那个 nàge あの、その　　意思 yìsi 意味

05
はっきり聞こえません。

听不清楚。
Tīngbuqīngchu.

"听＋清楚"は「はっきり聞こえる」という意味で、これは「動詞＋結果補語」です。"不"bùは動詞や形容詞の前に置かれ否定の意味を表します。ここでは動詞"听"tīngと"清楚"qīngchuの間に"不"bùが入り、「はっきり聞こえません」という意味になります。「はっきり聞こえます」と言いたいときは"听得清楚tīngdeqīngchu"と言います。

清楚 qīngchu はっきりしている

06
この言葉は一体どういう意味ですか？

这句话到底是什么意思？
Zhè jù huà dàodǐ shì shénme yìsi?

"意思"yìsiは「意味」ということですが、"有意思"yǒu yìsiとなると「面白い」という意味で使われます。"到底"dàodǐは「いったい」という意味で、相手をせき立てる表現ですが、"究竟"jiūjìngに変えて使っても意味はほぼ変わりません。

到底 dàodǐ いったい　　意思 yìsi 意味

07
あなたの考えはこうなのですか？

你的意思是这样吗？
Nǐ de yìsi shì zhèyàng ma?

"这样"zhèyàngは単独で述語になれます。また、次に出てくる名詞を修飾するためには「这样的＋名詞」の形を取ります。"这样的人"（このような人）のように。さらに"这样快"zhèyàng kuài（こんなに早い）のように、動詞や形容詞、述語の前では連用修飾語になります。

这样 zhèyàng このような

+ Chocolate crape

Get the basics of global society through leaning of various foreign language!

right now plan!

対話を導くすべての表現！

3-5 [CD 20]

right now plan!

何が起きたのでしょう？
気になりますね？

introduction

この世に生きているといろいろなことに出くわします。身の回りでは自然現象を含め、さまざまな出来事が起こります。嬉しいこともありますが、いやなことも起こります。いやなことが続くと、天をうらみたくなります。成功が続くと、自分の努力の結果だと思います。こうしてみると、人間は結構身勝手ですね。

>>

---

01 何が起きたのでしょう？

出了什么事了?
Chūle shénme shì le?

直訳すると「何のことが発生しましたか？」になりますが、中国語では「ある状況下であることが起こった」と思うため、主語は省略し、「述語＋目的語」の形にします。

出 chū 発生する　　事 shì こと

95
right now plan!

02

状況はどうですか？

情况怎么样？

Qíngkuàng zěnmeyàng?

◆◇ 世の中のことは何故思ったとおりにうまくいかないのでしょう？ 自然のままの理想的な境地（無為自然）の道理を追究しようとした老子は"道可道,非常道"dào kě dào, fēi cháng dào（道の道とすべきは常の道にあらず）といい、世の中の原理は固定されているのではなく、変化していくと述べました。明日はまた違う新しい一日が始まるという意味でもあり、いくら困難な状況にあっても苦しむな！という意味なのです。

情况 qíngkuàng 状況

03

今日は特別な日です。

今天是特别的日子。

Jīntiān shì tèbié de rìzi.

◆◇ "天"tiān と "日"rì は「日」を意味しますが、"天"tiān は "一天"yì tiān（1日）、"两天"liǎng tiān（2日）のように日数の量を示し、一方 "日"rì は "一日"yī rì（1日）、"二日"èr rì（2日）のように日付けを示す言葉です。簡単に言えば "天" は長さ（線）、"日" は点です。

今天 jīntiān 今日　　特别 tèbié 特別　　日子 rìzi 日にち

04

どうしてなのか分かりました。言わなくて結構です。

我知道是为什么了。不用说！

Wǒ zhīdao shì wèi shénme le. Búyòng shuō!

◆◇ "为什么"wèi shénme は "为"wèi +"什么"shénme の合成で、直訳すると「何のため」です。"为"wèi を第4声で読むと「～ため」あるいは「～のために」の意味になります。"不用"búyòng + 名詞、代名詞の場合は「〈名詞、代名詞〉は使わなくても大丈夫です」という意味です。ここでは「不用＋動詞」の使い方で「〈動詞〉必要がない」という意味です。

知道 zhīdao 知っている　　不用 búyòng ～する必要がない

05　そんなことあるはずがない。
那怎么可能！
Nà zěnme kěnéng!

🔶🔶 "那" nà は代名詞「それ」ではなく、ここでは「そんなの」という意味です。"可能" kěnéng は形容詞として使われ「可能である」という意味なので、直訳すると「なぜ可能ですか？」という意味になります。これは反語で「不可能だ」という意味ですね。

怎么 zěnme　なぜ、どうして　　可能 kěnéng　可能である

06　大丈夫です。ほっといてください。
没事。不用管。
Méi shì. Búyòng guǎn.

🔶🔶 時には中国人が冷たいので、寂しく感じることもあります。そもそも「マンマンディ」な性格の中国人は他人のことに干渉するのが好きではありません。そのうえ、社会主義体制なので他人のことに関わるのにはあまり気が向かないため、多少不親切に感じることが多いです。"没事" méi shì 本来は「ない」という意味の"没有" méiyou を使いますが、目的語"事" shì があるので"有" yǒu は省略されたのです。

管 guǎn　かまう

07　ご安心ください。すでに解決しました。
放心吧。已经解决了。
Fàngxīn ba. Yǐjīng jiějué le.

🔶🔶 "放心" fàngxīn は日本語では「ぼんやりする」という意味ですが、中国語では「安心する」という意味です。これは「心を放つ」ではなく「心を下におく」と解釈すべきでしょう。なぜなら中国語では心は下の方にあるほうが落ち着くからです。

放心 fàngxīn　安心する　　已经 yǐjīng　すでに
解决 jiějué　解決する

+ Chocolate caramel

Get the basics of global society through leaning of various foreign language!

right now plan!

対話を導くすべての表現！

3-6 何するつもり？確実なの？

right now plan!

introduction

中国はこの100年の間に実にたくさんのことを経験しなければなりませんでした。封建王朝清が倒れ、西欧列強の強制により近代化の舞台から追い出され、国民党との長い内戦を終え、やっと社会主義国家になりました。中国は80年代の改革開放をきっかけに経済発展を続け、やっと落ち着いた生活ができるようになったのです。

---

01 あなたは明日何をするつもり？

你明天想做什么?

Nǐ míngtiān xiǎng zuò shénme?

"干什么" gàn shénme は「何をする？」という意味ですが、これは少し叱咤するような語感をもつ使い方で、「あなたはなぜ今するべきことをしないで、無用なことをするの」と問いつめるような感じがあります。単に「今何をしている？」と聞くとき、具体的に何をするつもりなのかを聞くときは "做什么" zuò shénme を使います。

想 xiǎng ～したい（助動詞）、思う（動詞）

02
私はちょっと用事があります。
我有一点儿事情。
Wǒ yǒu yìdiǎnr shìqing.

🔷🔶 "一点儿"yìdiǎnr が「形容詞＋yìdiǎnr」の形式では、「ちょっと〈形容詞〉です」という意味だと説明しましたが、ここでは「一点儿＋名詞」の形式で、「少しの〈名詞〉」という意味になります。つまり「少しの事柄→ちょっと用事」です。

一点儿 yìdiǎnr すこし　　**事情** shìqing 用事

03
もう。いい機会を逃してしまった！
真是的，错过好机会了。
Zhēn shì de, cuòguo hǎo jīhuì le.

🔷🔶 "真是"zhēn shì を直訳すると「本当に〜だ」で、日本語の「ったくもう！」に相当します。"错过"cuòguo は「時機を失う」の意味で、いい機会を逃したときに用いる表現です。

错过 cuòguo 失う、逃す　　**机会** jīhuì 機会、チャンス

04
必ずやり遂げるぞ。
一定要达到目的。
Yídìng yào dádào mùdì.

🔷🔶 山を移そうとした愚かな老人の「愚公山を移す」の物語をご存知でしょう。老人が家の前にある山を移すため努力したという物語ですが、物語では神様がかわいそうだと思って山を移してくださったと書かれています。"天助自助者"tiān zhù zì zhù zhě「天は自ら助くる者を助く」という話です。

一定 yídìng 必ず、絶対に　　**达到** dádào 到達する

05 可能性はあります。
有可能性。
Yǒu kěnéngxìng.

🔷🔷 "可能性" kěnéngxìng は「可能性」の意味です。"性" のつく語は "积极性" jījíxìng や "原则性" yuánzéxìng などいろいろあります。世の中のすべてのことは自分の能力だけではなく、チャンスが与えられなければうまくいかないので、このような言葉ができてきたのかもしれません。

可能性 kěnéngxìng 可能性

06 ありえないです。
不可能。
Bù kěnéng.

🔷🔷 "不可能" bù kěnéng を単独に使うと「不可能」「ありえない」という意味です。"不可能＋動詞" の形式になると、「〈動詞〉するわけがない」の意味になります。諺に "积土成山" jī tǔ chéng shān（塵も積もれば山となる）といいますが、いくら高い山でも一握りの土から始まったように、何事も不可能だと思って始めようともしないと、結局いつになってもできないでしょう。

不可能 bù kěnéng 不可能

07 一体どういうことですか？
究竟是怎么回事？
Jiūjìng shì zěnme huí shì?

🔷🔷 "怎么回事" zěnme huí shì を直訳すると「どういう事柄か？」ですが、この "怎么" zěnme はこの場合は「どういう」の意味になります。"回事" huí shì は "一" yī が省略されていますが、「一つの事」の意味で "回" huí は量詞です。

究竟 jiūjìng いったい　　回 huí 回、度（動作の回数を表す）

語法 8 講

3 "能、会、可以" ——「できる」助動詞群

「できる」を表すには、助動詞の"能、会、可以"néng, huì, kěyǐ を用いるのがふつうです。この3つ、意味や用法、ニュアンスが異なります。
「技能を習い覚えてできる」のなら"会"huì です。特に「技能の有無」だけを問題にして「〜できる」なら"会"です。その否定は"不会"bú huì です。

▶ 他会游泳。　　　　Tā huì yóuyǒng.　　　（彼は泳げます）
▶ 我不会骑自行车。Wǒ bú huì qí zìxíngchē.（私は自転車に乗れません）

"能"néng は「能力があってできる」ことを表します。ですから、これらの"会"を"能"に変えることもできます。しかし、"能"にはいろいろな意味がありますから、あえて"会"でなく"能"を使うと「技能の有無」以外の意味が生じてしまうのです。例えば、

▶ 他能游泳。Tā néng yóuyǒng.（彼は泳げます）

というと、単に技能が有るだけでなく、今日は体力的にも時間的にも「泳ぐことができる」、つまり条件が整っていて「できる」ことも表します。要するに「技能の有無」以外の意味も出てくるわけです。逆に言えば「技能の有無で、できるかできないか」だけを言いたいのなら"会"、"不会"を使います。
　これ以外、たとえば「技能の回復」とか「能力が一定のレベルに達している」などは"能"を使います。

▶ 他病好了，能走路了。　　Tā bìng hǎo le, néng zǒu lù le.
　（彼は病気がよくなり、歩けるようになった）
▶ 他一分钟能打１００个字。Tā yì fēnzhōng néng dǎ yìbǎi ge zì.
　（彼は一分間に100字打てる）

次のような対比もおぼえておくとよいでしょう。

❸ "能、会、可以" —— 「できる」助動詞群

▶ 他会吃。Tā huì chī.　（彼はグルメだ）〈コツをマスターしている〉
▶ 他能吃。Tā néng chī.　（彼はよく食べる）〈量がすごい〉

同じように"会买东西"huì mǎi dōngxi なら「買い物がうまい」のですし、"能买东西"néng mǎi dōngxi なら「沢山買える」のです。"会"はテクニック、"能"は物量です。
"能"は「あることを実現できる能力がある」ということですが、単にその技能だけではなく、広く「時間があって」とか「お医者さんの許可が下りて」とか、いろいろな外界の条件も整ってということを表します。たとえば次の例はどう考えても「技能」ではありませんね。

▶ 今天我没事，能和你在一起。Jīntiān wǒ méi shì, néng hé nǐ zài yìqǐ.
　（今日は用事がないから、あなたと一緒に居られますよ）

実はこの"能"を"可以"kěyǐ で置き換えることもできます。"可以"も「条件が許してできる」ことを表すからです。しかし、"可以"は「～するのに差し支えがない、～するのに支障はない」という消極的な可能を表すのです。ですから「～してもかまわない」というニュアンスが生まれます。

▶ 今天我没事，可以和你在一起。Jīntiān wǒ méi shì, kěyǐ hé nǐ zài yìqǐ.
　（今日は用事がないから、あなたと一緒に居てもいいよ）

"能"を使うよりも「一緒にいたい」という積極性が薄れていますね。典型的には次のような例です。

▶ 这间屋子能住三个人，挤一挤也可以住四个人。
　Zhè jiān wūzi néng zhù sān ge rén, jǐ yi jǐ yě kěyǐ zhù sì ge rén.
　（この部屋は３人住めますが、ちょっとつめれば４人でも大丈夫でしょう）

「できる」を表す語が３つあるということは、それぞれ性格がちがうということです。

Get the basics of global society through learning of various foreign language!

Part
FOUR

接する相手に対して必ず必要なすべての表現！

right now plan!

It's Indoors

part four 第**4**章

CD 22

接する相手に対して
必ず必要なすべての表現！

right now plan!

Get the basics of global society through leaning of various foreign language!

photo joke ●照片笑話●

(写真撮影：唐永春)

女： 外边 下 雨 了。
　　Wàibian xià yǔ le.

男： 没 事儿，我 带 伞 了。
　　Méi shìr, wǒ dài sǎn le.

女： 我 把 被子 晒在 阳台 上 了 呢。
　　Wǒ bǎ bèizi shàizài yángtái shang le ne.

女「ねえ、雨が降ってきたわ」
男「傘があるから大丈夫だよ」
女「布団をベランダに干してきたのよ」

+ Egg chocolate

Get the basics of global society through leaning of various foreign language!

right now plan!

接する相手に対して必ず必要なすべての表現！

4-1 あなた、褒められて当然です

introduction

韓国では仲が悪いことを「犬とサルの仲」と言います。日本でも「犬猿の仲」と言うから同じですね。犬と猿が会ったら喧嘩するのはお互い対話が出来ないからです。これからわれわれは中中国語を習得し中国を知り、自分たちのことを素直に伝えるべきです。

01 助けていただきありがとうございます。
非常感谢你的帮忙。
Fēicháng gǎnxiè nǐ de bāngmáng.

"感谢" gǎnxiè は "谢谢" xièxie よりちょっとかしこまった言い方です。他人に何か助けてもらったら必ず「報恩」を考えるのが中国人です。もちろんなかには「恩知らず」な人間もいます。われわれは中国と中国人をもっと理解し、自分たちのことも素直に伝える必要があります。

非常 fēicháng 非常に、たいへん　　**感谢** gǎnxiè 感謝する
帮忙 bāngmáng 手伝う、助ける

02 よくやりました。
你做得很好。
Nǐ zuòde hěn hǎo.

「動詞（做）＋得＋様態補語（很好）」の構造は動詞"做"の結果や状況、程度がどうなのかを補充説明する役割をします。「做得」の後の部分を様態補語と言い、"得"deは様態補語を導く構造助詞と言われています。

做 zuò 作る、する、やる

03 あなたはすばらしいです。
你很能干！
Nǐ hěn nénggàn!

能力があると褒められたら誰でもうれしいでしょう。美人薄命という言葉があります。美人とは容貌の美しい人、あるいは才能がすぐれている人を指しますが、むしろそのせいで薄幸な運命になりやすいこともあるという意味です。森の中の木が立派に育って木材になると職人に切られ、長生きできない話と同じです。

能干 nénggàn 能力がある、才能がすぐれている

04 本当にすごいですね。
真不错。
Zhēn búcuò.

"错"cuòは形容詞で「間違っている、正しくない」という意味です。この否定形の"不错"búcuòは「間違っていない」という意味で、韓国語では「まずまず」という意味あいですが、中国では大体「正しい、よい」という意味で使われています。これはAと言いたい時、その反対語Bを否定し、"不 B"と遠まわしにして言う習慣から出来た表現でしょう。

错 cuò 間違っている、正しくない

接する相手に対して必ず必要なすべての表現！

05 当然のことです。
这是应该的。
Zhè shì yīnggāi de.

"应该" yīnggāi に "的" de がついて、「当然のこと」という意味を表します。一般に形容詞や動詞のあとに "的" de がつくと、全体を名詞化する働きがあります。"红的" といえば「赤いもの」ですし、"吃的" と言えば「食べるもの」です。

应该 yīnggāi 〜すべきである、〜するのが当然だ

06 まだだめです。
还不行。
Hái bù xíng.

釈迦は「この世は苦しみの海である」と言いました。衆生が苦しんでいる理由は、何かを必ずなし遂げようと執着するからだそうです。つまり、現状に満足せず、何かが足りないと思う欲望が苦しみの根源になると言ったのです。欲張り人間の苦しみを解除するために「南無阿弥陀仏 ^O^」。

还 hái まだ　　**行** xíng 充分だ、結構です

07 まことに恐れ入ります。
不敢当。
Bù gǎn dāng.

相手に褒められたとき、もてなしを受けたときに用いる謙遜な言い方です。この言葉のようにすべてのことに対して謙遜であるべきですが、論語には "当仁不让於师" dāng rén bú ràng yú shī 「仁に当たりては、師にも譲らず」という言葉があります。仁徳を行うに当たっては、先生にも遠慮はしないという意味です。

不敢 bù gǎn 恐れ入ります、〜する勇気がない

当 dāng 〜にあたる、任ずる

+ Sour candy

Get the basics of global society through leaning of various foreign language!

right now plan!

112
right now plan!

接する相手に対して必ず必要なすべての表現！

4-2 激励と応援、共に必要です

introduction

お隣の韓国と中国の歴史は愛と憎しみの歳月でした。昔から韓国は中国からたくさんのものを受け入れてきた立場ですが、儒教思想、陶磁器、紙等のように各分野で韓国が発展させたのも少なくありません。韓国と中国はこの先も政治、経済等の面でもっと緊密な関係を築き、共に歩んで行く同伴者です。中国が豊かになれば韓国にもよいことがあるのではないでしょうか。そして、以上のことは日本についても当てはまります。

---

01 断念してはいけません。

你不能放弃的。

Nǐ bù néng fàngqì de.

"千里之行，始于足下" qiān lǐ zhī xíng, shǐ yú zú xià 「千里の行も足下に始まる」とのことわざがあります。どんなに高い山も一握の土から始まり、どんなに深い海も一滴一滴の水がたまって海になるのです。

不能 bù néng 〜してはいけない　　**放弃** fàngqì 断念する

的 de 文末に使われその状況を強調する語気動詞

02 あなたの考え方は分かります。
我明白你的想法。
Wǒ míngbai nǐ de xiǎngfa.

誰かに自分の心をみすかされているほどヒヤッとすることはありません。三国志で曹操は戦争を続けても勝つ見込みがなく、軍隊をそのまま駐屯させても兵力の無駄、しかし撤退するのも情けないかっこうになりそうで、そこでふと一言、ニワトリのろっ骨という意味の"鸡肋"jīlèiと言ったところ、その意味するところを楊修に見抜かれたようです。結局それが気に入らなくて彼を処刑したのです。

明白 míngbai 理解する　　**想法** xiǎngfa 考え方

03 もう一度考えさせてください。
再研究一下。
Zài yánjiū yíxià.

"研究"yánjiū は学問を研究すること以外、俗に困ったことを頼まれ直接断れなくてあいまいな返事をするときも"研究研究"yánjiu yánjiu と言います。「考えさせてください」という意味です。

研究 yánjiū 研究する

04 待ちましょう。
等着吧。
Děngzhe ba.

我々農耕民族は忍耐と根気があり、待つことには長けていると言えます。農事をやるためにできることとは、神様が主宰する自然現象を待つばかりだったからです。

等 děng 待つ

着 zhe ～している（動詞の後ろについて動作の持続を表すアスペクト助詞）

接する相手に対して必ず必要なすべての表現！

05 私のせいです。あなたを責められません。

都怪我，不能怪你。

Dōu guài wǒ, bù néng guài nǐ.

◎◎ "都怪我" dōu guài wǒ は「（過ちは）すべて私のせいだ」という意味です。「怪しい」という意味の形容詞 "怪" guài が「とがめる」という意味の動詞として使われたのです。本来は形容詞ですが、動詞に変わって目的語をとるという妙な機能をもっています。

都 dōu すべて　　**怪** guài とがめる、責める

06 きっと成功するでしょう。

一定会成功的。

Yídìng huì chénggōng de.

◎◎　荀子は "千里马" qiānlǐmǎ が一日に千里を走れるなら、愚鈍な馬は一日百里で十日間走れば千里を走り切ることができると言いました。確かに人々の能力と資質は異なりますが、自ら努力に努力を重ねれば誰でも目標を達成することが出来ると言いたかったのです。学習者の皆さん、頑張りましょう。

会 huì 〜するだろう、〜の可能性がある

成功 chénggōng 成功する

07 あなたの勇気が羨ましい。

我很羡慕你的勇气。

Wǒ hěn xiànmù nǐ de yǒngqì.

◎◎　人に力で勝つことも簡単ではありませんが、自分の過ちを認め、許してもらうのも大した勇気が要ります。孔子は人は誰でも失敗すると言いました。問題はその原因をよく知り同じ過ちを繰り返さないことです。

羡慕 xiànmù 羨ましい　　**勇气** yǒngqì 勇気

+ Triangle cookie

Get the basics of global society through leaning of various foreign language!

right now plan!

接する相手に対して必ず必要なすべての表現！

4-3 進めたり、止めたり

introduction

孔子は"有朋自远方来，不亦乐乎！"Yǒu péng zì yuǎnfāng lái, bú yì lè hū! と言いました。「友達が遠い所から尋ねて来る、いかにも楽しいことだね！」という意味です。友達というのは会いたくなければ会わないままおしまいになる関係でもあります。しかし友達が大事な理由は家族とは違う意味で、私たちの人生にプラスになる存在だからです。

>>

01 もうちょっと考えてみてください。
再想想吧。
Zài xiǎngxiang ba.

"想想" xiǎngxiang のように動詞を重ねて使うときは動詞と動詞の間に"一"yī を入れたりもします。韓国語では動詞を重ねて使うと強調の意味を表しますが、中国語ではむしろやわらかい感じで「ちょっと〜してみる」という意味になります。この場合後ろは軽声で読みます。

想想 xiǎngxiang　ちょっと考えてみる

02 やってみてください。
来，试一试。
Lái, shìyishì.

🔷🔷 "试一试" shìyishì は "一" を省略して "试试" とも言います。「やってみる、試してみる」という意味で、後ろに "看" kàn を添えて "试试看" shìshi kàn ともよく言います。"不信试试看" bú xìn shìshi kàn「うそだと思うなら、やってごらん」などと使います。

来 lái 「さあ」と催促する言い方　　**试** shì 試す、やってみる

03 それはいけません。
那不行。
Nà bù xíng.

🔷🔷 中国人がきっぱり言えない言葉がありますが、「それはいけません」です。儒家思想の温情主義が最高の美徳だと思ってきた慣習のためです。これにより社会の価値観があいまいになり、合理的思惟が発展することに儒家思想が障害になったとの批判の声もあります。

行 xíng 充分だ、結構です

04 もういいよ。もう言わないで。
算了！你别再说了。
Suàn le! Nǐ bié zài shuō le.

🔷🔷 "算了" suàn le は直訳すると「計算した」という意味ですが、ここでは「これ以上お互いに問い詰めないことにしましょう」、「もういい」という意味を表します。似ているような表現で "得了"、dé le、"好了" hǎo le があります。

算 suàn 計算する　　**别** bié 〜するな

接する相手に対して必ず必要なすべての表現！

05
絶対にいけません、みる値打ちがありません。

万万不可！不值得一看。
Wànwàn bù kě! Bù zhíde yí kàn.

韓国や中国では数字を読むときは1万、10万、100万というふうに万を単位として読みますが、表記するときは西洋化して千単位でコンマを入れます。多少紛らわしい感じですね。これは近代化後、表記の標準が西洋式になったからです。試しに万単位でコンマを入れてみてください。ぐっと読みやすいでしょう。

万万 wànwàn　決して、絶対に　　**值得** zhí de　～する値打ちがある

06
彼らが何を言おうと、私のことを信じてください。

不管人家怎么说，相信我吧。
Bùguǎn rénjia zěnme shuō, xiāngxìn wǒ ba.

韓国人は「忠孝思想」を旨としますが、中国人は「朋友有信」、つまりともだち同士ならお互い信じることが大事だと思っているのです。中国では個人と国の関係を示す「忠」よりも、個人と個人との関係を示す"关系"guānxi をより重要視する傾向があります。

不管 bùguǎn　～にかかわらず、～であろうと

人家 rénjia　ほかの人、他人　　**相信** xiāngxìn　信じる

07
このように言えばいい。

这么说就得了。
Zhème shuō jiù dé le.

韓国人は大体率直に話をしますが、中国人は遠回しして話をすることもあります。それで、韓国の人たちは自分たちは正直で、中国人は陰険だと思いがちです。これはお互いの表現のしかたから生まれた誤解なのです。"就"jiù は前を受けて、「それで、それなら」というつなぎの働きを果たします。

这么 zhème　このように　　**就** jiù　それで

得了 dé le　もうよろしい

+ Jelly beans

Get the basics of global society through leaning of various foreign language!

right now plan!

接する相手に対して必ず必要なすべての表現！

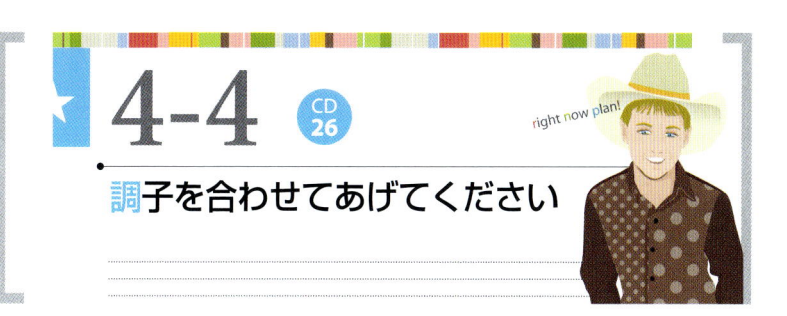

4-4 調子を合わせてあげてください

introduction

理想的な友達関係を「管鮑之交」と言います。管仲と鮑叔がお互いのことをよく理解し合っていたことからできた言葉なのですが、実際は鮑叔が管仲の貧しい事情を理解し、ずっと援助してやったから管仲が成功することができたのです。

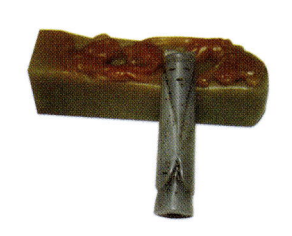

---

01 好きなようにしなさい。

随你的便吧。

Suí nǐ de biàn ba.

"随便"suíbiàn という語があります。「便ニ随ウ」つまり「便利なようにする、気ままにする」という意味です。ですから"随你的便"suí nǐ de biàn は「あなたの便利にしたがう」という意味になります。ただし"便"pián と発音するときは"便宜"piányi で値段が安いという意味になります。

随 suí 従う　　便 biàn 便利

02 それはよい考えだ、そうするのがいい。
好主意，这样合适。
Hǎo zhǔyi, zhèyàng héshì.

🔹🔸 "主意"zhǔyi と"主义"zhǔyì の意味は似ています。"主意"は大体個人的な趣旨や考え方で使われ、"主义"は民主主義、社会主義のように、思想や学術、あるいは社会制度や政治、経済の体制を言うとき主に使われます。発音ですが、北京の人は"主意"をzhúyi のように発音します。

主意 zhǔyi 考え　　这样 zhèyàng このように
合适 héshì 妥当である、ちょうどよい

03 そうだ、そのようにしよう。
对，就这么着吧！
Duì, jiù zhèmezhe ba!

🔹🔸 社会主義の夢をふくらませてきた中国で、「このようにしましょう」とスローガンを叫んだ理由は社会主義国家建設と文化革命を通じて、過去数千年間の不合理的な全てのことを一掃しましょうということです。そうはなりませんでしたが。

对 duì そうだ　　这么着 zhèmezhe こういうふうに

04 このようにすればよいのです。
这么办就好了。
Zhème bàn jiù hǎo le.

🔹🔸 資本主義に比べ社会主義は経済的な発展よりも政治的な理想を追求しているため、特に経済分野で非効率的な要素が多いわけです。それで勤労者たちも商品の質よりも量を優先にする考え方が強かったので、競争力が落ちたのです。「このようにすればよい」を考え直す必要がありそうです。

办 bàn 処理する

接する相手に対して必ず必要なすべての表現！

05 彼の要求はあまりにも過分です。

他的要求太过分了。

Tā de yāoqiú tài guòfèn le.

　"要"は「欲しい」あるいは「〜すべきである」場合は第4声 yào ですが、"要求"という場合は yāoqiú になります。中国人は "过不如不及" guò bù rú bù jí「過ぎたるは及ばざるが如し」と思うのです。控えめにすることは美徳です。

要求 yāoqiú 要求　　太〜了 tài 〜 le あまりに〜だ
过分 guòfèn 度を超えている、過分だ

06 私の意見にあなたも賛成ですか。

我的意见你也同意吗?

Wǒ de yìjiàn nǐ yě tóngyì ma?

　中国の伝統儒家思想は上司と部下の位階秩序を重要視することを基本理念とします。それで中国の偉い人たちは自分の考え方に対する他人の意見をあまり気にしません。現在中国では合議と選挙を通じて全ての政策を決めてはいますが、自由民主政治を定着させるうえでの障害は間違いなくここにあります。

意见 yìjiàn 意見　　同意 tóngyì 同意する

07 違いない。

没错。 Méi cuò.
没有错误。 Méiyou cuòwu.
不错。 Búcuò.

　"没错" méi cuò は "没有错误" méiyou cuòwu を省略した形です。「間違いない、正しい」という意味です。"不错" búcuò は「正しくない、悪い」という意味の形容詞 "错" cuò の否定形で、文字とおりだと「悪くない」ですが、実際は「よい」という意味です。

+ Chocolate crunch

Get the basics of global society through leaning of various foreign language!

right now plan!

124
right now plan!

接する相手に対して必ず必要なすべての表現！

4-5 　助言と忠告を惜しまないで！

introduction

「知音」という言葉があります。春秋時代の琴の名手・兪伯牙が、その音楽のよき理解者であった友人の鐘子期の死後、自分の琴の音を知る人はもはやいないと言って琴の弦を切って、その後は演奏をしなかったという故事にもとづく語です。

---

01 どうしたらよいのか？

怎么办才好？
Zěnme bàn cái hǎo?

普段困ったときによく使う言葉です。にっちもさっちもいかないことを中国語で"进退两难" jìn tuì liǎng nán と言います。いったんやり出した仕事はどんな困難にぶつかっても途中でやめるわけにはいかない場合があります。これを"骑虎之势" qí hǔ zhī shì と言います。つまり走る虎の背中に乗っているようだ、という意味です。

02 私は全然知りません。
我一点也不知道。
Wǒ yìdiǎn yě bù zhīdào.

孔子は"知之为知之，不知为不知，是知也。" Zhī zhī wéi zhī zhī, bù zhī wéi bù zhī, shì zhì yě. と言いました。「知っていることは知っているとし、知らないことは知らないとする、それが知ということだ」という意味です。昔の人たちは無知を恥ずかしがらなかったようです。

一点也不 yìdiǎn yě bù 少しも〜しない　　知道 zhīdao 知る

03 あなたにアドバイスをしてあげる。
为你参谋一下。
Wèi nǐ cānmóu yíxià.

"为"は第2声 wéi のときは動詞で「〜とする、〜とみなす、〜になる」などいろいろな意味で使われます。ここでは第4声 wèi で、「〜のために、〜が原因で」という意味で前置詞として使われています。"为你" wèi nǐ は「あなたのために」という意味です。"参谋" cānmóu が動詞として使われていることに注意してください。

为 wèi 〜のために、〜が原因で　　参谋 cānmóu 相談相手になる

04 うちに遊びに来てください。
请到我们家来玩儿吧。
Qǐng dào wǒmen jiā lái wánr ba.

中国人の日常生活は日本や韓国よりは欧米に近いと言えそうです。小麦粉を中心とした食べ物やベッドの生活、また家父長制の伝統の中でも母権が強いこと等、われわれとは違う生き方をしています。

到 dào 着く　　到〜来 dào〜lái 〜まで来る　　家 jiā 家

玩儿 wánr 遊ぶ

接する相手に対して必ず必要なすべての表現！

05 困ったことがあったら助けてあげますよ。
如果你有困难，我可以帮你。
Rúguǒ nǐ yǒu kùnnan, wǒ kěyǐ bāng nǐ.

✡✡ "刎颈之交" wěn jǐng zhī jiāo は生死をともにし、「首を刎ねられても悔いない程の親しい交わり」という意味です。中国人は"三纲五伦" sān gāng wǔ lún の中でも特に友情という信義を重要視します。苦しい立場に追い込まれた友達に進んでこの言葉を言ってみてください。^O^

如果 rúguǒ もしも　　困难 kùnnan 困難

06 いっそのこと行かないほうがいい。
索性别走了。
Suǒxìng bié zǒu le.

✡✡ "走" zǒu は日本語でも、そして韓国語でも「走る」という意味で使われますが、現代中国語では「行く、歩く、この場を去る」という意味で使われます。「去る」というと"去" qù と似ているようですが、"去学校" qù xuéxiào「学校へ行く」の場合は"去" qù の代わりに"走" zǒu を使ってはいけません。"去"はある場所を目ざしてゆくことです。

索性 suǒxìng いっそのこと　　别 bié 〜するな

走 zǒu この場を離れて行く

07 でたらめ言わないでください。
不要乱说。
Búyào luàn shuō.

✡✡ いったん口から出たことばは取り消せないので発言は慎重に！言葉というのは目に見えないもので、自分が発言したあと、たまに知らぬふりをきめこむ人がいます。それで人の考えを形として表記する必要があると考え、作ったものが文字です。"乱" luàn は「いい加減、でたらめ」という意味です。

不要 búyào 〜してはいけない

乱说 luàn shuō 無責任なことを言う

+ Strawberry cupcake

Get the basics of global society through leaning of various foreign language!

right now plan!

接する相手に対して必ず必要なすべての表現！

4-6 CD 28

危険なことには注意を！
強力な禁止の表現！

right now plan!

introduction

人生を生きていくうえで、必ず避けたい友達がいます。中国の統一のため進んで秦始皇を助けていた李斯は、幼い頃荀子の元で共に学んだ友達韓非が自分の出世に邪魔になると思い、ひそかにたくらんで殺してしまったのです。

>>

01 気をつけてください。

请多加小心！

Qǐng duōjiā xiǎoxīn!

◎◎ "小心" xiǎoxīn は文字のとおりだと「小さな心」という意味です。「小心者」は気が小さい人のことです。中国語では「気をつける、注意を払う」という意味です。前に "多加" duōjiā がついています。これは「（今よりも）余計に、多く加える」ということです。

小心 xiǎoxīn 気をつける

02 请讲卫生！
衛生に注意しましょう。
Qǐng jiǎng wèishēng!

中国の食堂や屋台に行くと料理を作っている人は大体白いガウンを着ています。それは衛生的なのを見せつけるためです。しかし彼らが着ている白いガウンは汚れてすでにほかの色に変わっています。むしろ着ないほうがいいと思うくらいに ^O^。"讲卫生" jiǎng wèishēng という組み合わせは独特ですから覚えて下さい。

讲 jiǎng 重視する、重んじる　**卫生** wèishēng 衛生

03 铭记在心里！
心に銘記しましょう。
Míngjìzài xīnli!

"铭记" míngjì は「銘記する」という意味の動詞で、その後ろの "在" zài は本来動詞で「〜に存在する」という意味です。ここでは動詞 "铭记" の動作の結果として「〜に残っている」という意味を表しますが、これを文成分では結果補語と言います。ですので、この文章の正確な解釈は「銘記した結果、心に残る」です。

铭记 míngjì 銘記する　**心里** xīnli 心

04 救命！ 给我帮忙吧！
助けてください。私を助けてください。
Jiù mìng!　Gěi wǒ bāngmáng ba!

"救命！" は「助けて！」という叫び声です。"给" gěi は動詞で「与える」という意味です。"给我" gěi wǒ は英語の 'Give me' のように「私に与えよ」ですが、「给我＋動詞」の場合の "给" gěi は前置詞として使われ「〜に (for)」という意味になります。つまりここの "给我帮忙" gěi wǒ bāngmáng は「私を助けてください」という意味です。

救命 jiù mìng 命を助ける　**给** gěi 〜に（〜やる／くれる）

接する相手に対して必ず必要なすべての表現！

05 ここは駐車禁止。
此地不准停车！
Cǐdì bù zhǔn tíng chē!

中国は最近自動車と造船業に主に力を入れています。他国の先進技術をコピーしてむやみに車を造り出しているため自動車の数が急激に増え、車を停めるところが見つからず困っているようです。これは「駐車禁止」の掲示ですね、ちょっと文言的です。

此地 cǐdì ここ　　**不准** bù zhǔn 許さない、〜してはならない

停车 tíng chē 駐車する、停車する

---

06 そんなに急がないでください。
不要那样急。
Búyào nàyàng jí.

焦ってやればできることであれば、焦らずゆっくりやればもっとよく出来るはずだと思うのが中国人の思考方式なのです。いわゆるマンマンディです。これが社会主義体制と絶妙に合ったようで昔は何でもゆっくりやりましたけど、最近は時間と技術がお金になることがわかってきたようです。

那样 nàyàng あんなに、そんなに　　**急** jí 焦る

---

07 冗談はやめてください。
别开玩笑。
Bié kāi wánxiào.

風刺と諧謔は意味がちょっと違います。諧謔は単純に面白くて楽しめることで、風刺は不条理な現実社会に対し皮肉たっぷりに批判を加えることです。この二つはそれぞれ社会を硬直させない機能があると言えます。冗談も同じなのです。「冗談を言う」は"开玩笑"と動詞は"开" kāi を使います。

开玩笑 kāi wánxiào 冗談を言う

語法 8 講
GOHOU HACHI KOU

4 "会、想、要、得" —— 4つの助動詞

「技能がありできる」助動詞の"会"を学びましたが、"会"はすぐあとに名詞がくることもあります。

▶ 我会电脑。Wǒ huì diànnǎo.（私はパソコンができます）

こういう場合の"会"は助動詞ではなく、動詞と考えます。助動詞は次のように後に動詞がこなければなりません。

▶ 我会打电脑。Wǒ huì dǎ diànnǎo.（私はパソコンができます）

同じようなものに"想 xiǎng"という語がありますが、

▶ 我想上海。Wǒ xiǎng Shànghǎi.（上海がなつかしい）

ならば動詞ですが、これが

▶ 我想去上海。Wǒ xiǎng qù Shànghǎi.（上海に行きたい）

となると助動詞で「～したい」という意味になります。
さらに"要"yào という語も似たような動きをします。

▶ 你要什么？ Nǐ yào shénme?（何が要りますか）

「欲しい」という意味の動詞です。これが後にやはり動詞フレーズを伴うと「～したい」という強い意志を表す助動詞になります。

▶ 我要学习汉语。Wǒ yào xuéxí Hànyǔ.（中国語を学びたい）

❹ "会、想、要、得" ── 4つの助動詞

"要"はまた「ねばらなない」という意味にもなります。

▶ 路很滑、大家要小心。Lù hěn huá, dàjiā yào xiǎoxīn.
（道が滑りやすいので、皆さん気をつけてください）

さらにもう一つ、"得" děi があります。これも後に名詞が続くことがあります。ただし数量表現に限られます。

▶ 看完这本书至少得十天。Kànwán zhè běn shū zhìshǎo děi shí tiān.
（この本を読み終わるのには少なくとも10日はかかる）

「必要だ、かかる」という意味です。これも後に動詞表現がつづき、助動詞になります。

▶ 我得走了。Wǒ děi zǒu le.（帰らなくては）

"得"と"要"のちがいですが、簡単に言えば"得"は「逃れられぬ必然」としての「ねばならぬ」ですが、"要"のほうは「道理からしてそうすべきだ」というのです。

▶ 你得住院。Nǐ děi zhùyuàn.（入院が絶対必要です）
▶ 你要住院。Nǐ yào zhùyuàn.（入院すべきです）

4つの「動詞＆助動詞」、なんだか振る舞いが似ていますね。

Get the basics of global society through learning of various foreign language!

Part
FIVE

身体、心、感情を表すすべての表現！

right now plan!

It's Indoors

part five 第5章

身体、心、感情を表すすべての表現！

right now plan!

Get the basics of
global society through
leaning of various foreign language!

photo joke ●照片笑話●

(写真撮影：潘国基)

女人　是　一　所　学校　啊！
Nǔrén　shì　yì　suǒ　xuéxiào　a!

—我　已经　退学　了。
— Wǒ　yǐjīng　tuìxué　le.

女というのは一つの学校よ。
—わしゃもう退学したよ。

+ Red chair

Get the basics of global society through leaning of various foreign language!

right now plan!

身体、心、感情を表すすべての表現！

5-1 自分のコンディションを話す！

introduction

中国人の健康の秘訣は"午休"wǔxiū「昼休み」でしょう。昼休みの時間は大体11時半から14時までなので昼寝ができます。しかし、最近中国も市場経済の競争が激しくなり、みんな忙しくなったので、以前の呑気さも今は消えてしまったようです。

---

01 体調はいかがでしょうか？
健康状况怎么样？
Jiànkāng zhuàngkuàng zěnmeyàng?

今は中国も競争の激しい社会生活に耐えられなければ、食べて生きることができなくなりました。中国のTVで薬や栄養食品の広告がたくさん出ています。昔から中国人は不老長寿のために自分たちで薬を作って飲んでいたようで、それを"丹药"dānyào と言います。検証を行っていない薬を飲んだせいでかえって健康を損なったそうです。

状況 zhuàngkuàng 状況、コンディション

02 ちょっと疲れました。
有一点儿累。
Yǒu yìdiǎnr lèi.

"有一点儿" yǒu yìdiǎnr は '有 + 一点儿' の形で「少しある」という意味ですが、ここでは副詞として使われ「ちょっと〜」の意味になります。"有点儿" と "一" を省いた形でよく見かけます。あまり好ましくない時に使われます。この "一点儿" が形容詞の後ろにつくと今度は比較を表し、"好一点儿" は「少しよい」という意味になります。

有一点儿 yǒu yìdiǎnr ちょっと　　**累** lèi 疲れている

03 この料理は食欲をそそる。
这种菜很下饭。
Zhè zhǒng cài hěn xiàfàn.

「南稲北麦」と言うのは中国の南は米が主食で、北は小麦が主食という意味です。中国の北方は降水量と気候が水田に合わないため、米を主食とすることが出来ません。ですので、"饭" fàn は必ずしもライスを意味するわけではありません。"下饭" xiàfàn は「ご飯のおかずによい」ということですが、「お酒にあう」のなら "下酒" xiàjiǔ と言います。

种 zhǒng 種類を表す量詞　　**菜** cài 料理
下饭 xiàfàn 食欲をそそる

04 食欲がある。
有食欲。
Yǒu shíyù.

食欲を中国語では "食欲" shíyù と言います。むしろ "没有食欲" のほうをよく使います。空腹は最良のソースと言うように、"我饿了" wǒ è le (お腹が空いた) と言って食べものにかぶりつく人が一番頼もしいですね。

食欲 shíyù 食欲

身体、心、感情を表すすべての表現！

05 わけが分からず、気分がめいる。
心里纳闷。
Xīnli nàmèn.

「一体なんだろう」とわけのわからないことがあり、心の中がもやもやする、むしゃくしゃする、そんな時に"纳闷"nàmènと言います。昼間誰かが訪ねてきたようだが、誰だったんだろうというように、気になることがあってもやもやする場合に使います。単に気分がむしゃくしゃするなら"心烦"xīnfánや"烦躁"fánzàoという言葉もあります。

心里 xīnli こころ　　納闷 nàmèn わけが分からずもやもやする。

06 今はよくなりました。
现在好一点儿了。
Xiànzài hǎo yìdiǎnr le.

海外で病気になると困ります。中国では医学を伝統的な中国医学から科学的なものに改良するため一所懸命頑張っています。しかし問題なのは健康保険がちゃんと整備されていないため、一般の方が高い医療費で困っていることです。

好一点儿 hǎo yìdiǎnr （比較すると）少しよい

了 le ～した（文末に使われ、新たな事態の発生を表す語気助詞）

07 少しも寂しくないです。
一点儿也不寂寞。
Yìdiǎnr yě bú jìmò.

ここでは"一点儿"が前に出てきました。すると"也"が後に続き、「少しも～」という意味を表します。もちろんこの後には否定の言葉が続きます。

一点儿也不～ yìdiǎnr yě bù～ 少しも～ない

寂寞 jìmò 寂しい

+ Teddy bear

Get the basics of global society through leaning of various foreign language!

right now plan!

142
right now plan!

身体、心、感情を表すすべての表現！

5-2 どうしよう。体調がよくない

introduction

何でこんなに疲れるのだろう。われわれが一生懸命勉強や仕事をしているのは将来幸せになるためですが、その幸せというものはいったいどこにあるだろう。今こそ一番幸せなときだという人もいますが…

>>

01 体調が悪い。

身体不舒服。

Shēntǐ bù shūfu.

「体の具合が悪い」ことを"舒服"という語を否定して"不舒服"と言います。痛みのある特定部位だけを集中的に治療する西洋医術とは違い、中国医学は身体全体を有機体として総合的に治療を行います。人の身体を一つの小さな宇宙だと考え、四つの手足は四つの季節に、360個余りの経絡は一年365日に例えたのです。

舒服 shūfu 心地よい

02 病気になった。
生病了。
Shēng bìng le.

◇◆ 我々は「病気になった」と言いますが、中国では主語が省略された形で「病気が生じた」と言います。ほかにも"得病"（病気になる）という表現もあります。こちらは「病気を獲得した」という言い方です。

生 shēng 生む、生ずる　　**得病** dé bìng 病気になる

03 痛くて痛くて…。
疼得要死。
Téngde yào sǐ.

◇◆ "疼得"は「痛くて、その程度はというと～」ということです。"形容詞 + 得"はあとに程度を言うことになります。ここでは"要死"（死ぬほど）と大げさに表現しています。

要死 yào sǐ 死にそうだ

04 風邪がひどくなった。
感冒严重了。
Gǎnmào yánzhòng le.

◇◆ 韓国語では風邪を"感气"「気を感じる」と言います。それは多分冬の冷たい空気で風邪を引くからでしょう。しかし中国語では"感冒" gǎnmào で、冒すという意味の"冒" mào を使います。"严重" yánzhòng は深刻であるという意味で、このような場合は大体状況がひどくなっていることを意味します。

感冒 gǎnmào 風邪　　**严重** yánzhòng 深刻である

身体、心、感情を表すすべての表現！

05 頭痛がし、熱があり、咳が出る。

头痛，发烧，咳嗽。

Tóutòng, fāshāo, késou.

　　風邪の代表的な症状を3つ並べてみました。"头痛"は「頭痛がする」ですが、"头疼" tóu téng とも言います。"发烧"は「熱がある」です。"咳嗽"は「咳をする」です。これらの症状が「ない」と言う時は、いずれも"不"をつけます。日本語では「熱がない」ですが、中国語では"不发烧"と言います。

头痛 tóutòng　頭痛がする　　**咳嗽** késou　咳をする
发烧 fāshāo　熱がある

06 下痢をする。

腹泻。

Fùxiè.

　　口語では"拉肚子" lā dùzi とも言いますね。また「大便」や「小便」と言うように、中国語でも"大便" dàbiàn "小便" xiǎobiàn と言います。"便" biàn は本来「便宜」という意味で、大便と小便を解決したあとは楽になるからこのような言葉が出来たのでしょう。「便秘」は日本語と同じく"便秘" biànmì です。

腹泻 fùxiè　下痢をする

07 全身がだるい。

全身都软了。

Quánshēn dōu ruǎn le.

　　午後には身体がけだるくなります。一日の仕事が終わったところで、友達から「ビール一杯どう？」と声をかけられたらそれ以上嬉しいことはないでしょう。以前、中国には日本や韓国のような飲み屋がほとんどなかったようです。夕方から夜につながる享楽文化がそれ程なかったということです。しかし改革開放以来、中国では享楽を追求する傾向が非常に強まっています。

全身 quánshēn　全身　　**都** dōu　全部
软 ruǎn　だるい、やわらかい

+ Bed

Get the basics of global society through leaning of various foreign language!

↓

right now plan!

146
right now plan!

身体、心、感情を表すすべての表現！

5-3 CD 32

気に入ったり、気に入らなかったり

introduction

「蓼食う虫も好き好き」といいますが、人には好みがあります。人の好みに気を配り、人の好みを尊重するのが、気持ちよく人とつきあう基本です。

\>\>

---

01 まったく話にならない。

这简直不像话。

Zhè jiǎnzhí bú xiànghuà.

　世の中にはとんでもないことがよく起きています。昔、杞国にある人が天と地が崩れたらどうしようかと、悩んで食事ものどを通らず、夜も眠れなかったそうです。この話から、とりこし苦労やつまらない悩みのことを「杞憂」と言います。この世のすべての悩みごとが消え、悩みはすべて「杞憂」ばかりというようなときは来るのでしょうか。

简直 jiǎnzhí まったく　　像 xiàng 〜に似ている

不像话 bú xiànghuà 話にならない

02 この服はあなたにお似合いです。
你穿这件衣服很合适。
Nǐ chuān zhè jiàn yīfu hěn héshì.

"你穿这件衣服"（あなたがこの服を着る）という文といいますか節が、この文全体の主語になっています。述語は"很合适"です。日本語なら「あなたがこの服を着るノハ」のようにノやコトが要りますね。中国語はそのまま主語になれます。

穿 chuān 着る　　**件** jiàn 服を数える量詞
合适 héshì 似合う

03 ひとりひとりの好みは違う。
每个人口味都不一样。
Měi ge rén kǒuwèi dōu bù yíyàng.

前に「気分が悪い」を"不舒服"で表すと指摘しましたが、「違う」も"一样"を否定し"不一样"と言います。中国の観光客が外国で一番不満を感じているのは食べ物だそうです。旅行では食べ物は一つの楽しみですね。「食の天国」で、食べることを人生の楽しみとして生きている彼らが、異国でそのように感じるのもおかしくはないです。

每个 měi ge 一つ一つ　　**口味** kǒuwèi 味の好み
一样 yíyàng 同じ

04 あっさりした料理が口に合います。
清淡的菜很合口味。
Qīngdàn de cài hěn hé kǒuwèi

"菜"cài は中国語では料理の意味です。中国料理は何よりも脂っこいのが特徴ですが、油とは関係ない野菜がなぜ料理の意味で使われているのがちょっと疑問ですね ^0^。今のように中国料理が脂っこくなったのは宋代からで、そのときから中国の茶の文化が出来たそうです。

清淡 qīngdàn あっさりとした　　**合** hé 合う

身体、心、感情を表すすべての表現！

05
酸っぱくてからい料理は好きではありません。
不喜欢酸辣的菜。
Bù xǐhuan suānlà de cài.

中国料理の味は"东辣西酸，南甜北咸" dōng là xī suān, nán tián běi xián で大体四つに分かれます。「東は辛く、西は酸っぱく、南は甘く、北は塩からい」という意味です。このような特徴は地域別の自然環境のせいだそうです。やはり中国は食を楽しめる国ですね。

喜欢 xǐhuan 好きだ　　**酸辣** suānlà 酸っぱくて辛い
菜 cài おかず、料理

06
いらだたしくなる。
真叫人烦。
Zhēn jiào rén fán.

ここの"叫" jiào は「人をして〜せしむ」という意味で、使役の形で英語の make と同じく後の名詞を「〜させる」役割を果します。こういう"人"の使い方はマスターしたいですね。"叫人高兴"なら「人をしてよろこばしむ→うれしい」です。

叫 jiào 〜させる　　**烦** fán 苦悩する、煩わしい

07
私はとても満足しています。
我已经很满意了。
Wǒ yǐjīng hěn mǎnyì le.

我が子の学業成績などに、親はどのぐらいで満足するものなのでしょうか。「這えば歩めの親心」といいますが、常に「あと一歩」と子どもを叱咤激励し、誉めてあげることが少ないような気がします。適当なところであらかじめ「満足ライン」を設け、これでもう十分と「足ルヲ知ル」ことは何事にも大切です。あと少しと売り惜しみ、株で損をした人を知っています。

已经 yǐjīng すでに、もう　　**满意** mǎnyì 満足する

+ Toy pierrot

Get the basics of global society through leaning of various foreign language!

right now plan!

150
right now plan!

身体、心、感情を表すすべての表現！

5-4 嬉しく、幸せで、そして気分がいい！

introduction

孟子は人生の三つの楽しみを"君子三乐"jūnzǐ sān lè と言いました。その三つとは、父母が健在で兄弟も無事なこと、天や人に恥じるうしろめたい点がないこと、天下の英才を集めて教育することです。小さな幸せでも大切にしなければなりませんが、それが叶うことも難しいのが人生ではないでじょうか。

>>

01 痛快な気分になった。

我觉得心里真痛快！

Wǒ juéde xīnli zhēn tòngkuai.

"我觉得"wǒ juéde は「私が感じるには～」という意味で、似ている使い方で"我看"wǒ kàn「私が見るには～」、"我想"wǒ xiǎng「私が考えるには～」があります。自分の考えや意見を表すときに使う表現です。"觉得"はより感覚的に「感じる」場合に使います。

觉得 juéde ～と思う、感じる　　痛快 tòngkuai 痛快だ、愉快だ

02 本当にうれしい。
实在太高兴。
Shízài tài gāoxìng.

🔶🔷 論語に"好之者不如乐之者"hào zhī zhě bù rú lè zhī zhě という言葉があります。「これを好む者はこれを楽しむ者には及ばない」という意味です。中国語が好きで、楽しく勉強すれば成功も目前です。頑張ってください。

实在 shízài 確かに、本当に　　**高兴** gāoxìng うれしい

03 今日は楽しかった。
今天玩儿得真痛快。
Jīntiān wánrde zhēn tòngkuai.

🔶🔷 日本語と比べると"玩得"wánrde（遊んで）という動詞が多いですね。単に「楽しかった」ではなく、「遊んだ結果楽しかった」のように言います。様態補語のかたちをとります。同じように「夏休みはどうでしたか」も「夏休みを過ごして、どうでしたか」のように"过得"を入れ、"暑假过得怎么样？"と言います。

玩 wánr 遊ぶ　　**得** de 程度補語の構造助詞
痛快 tòngkuai 痛快だ、愉快だ

04 その件は順調です。
那件事办得很顺手。
Nà jiàn shì bànde hěn shùnshǒu.

🔶🔷 この文も"办得"bànde（実行し、その結果〜）を入れて様態補語へとつないでいますね。「彼女はきれいだ」などというときも、わざわざ"长得"zhǎngde（成長して、その結果〜）を入れて"她长得很漂亮。"Tā zhǎngde hěn piàoliang. などと言います。"顺手"shùnshǒu はものごとが「順調である」ことです。"顺利"とも言います。

件 jiàn 事柄や服などを数える　　**顺手** shùnshǒu 順調だ

身体、心、感情を表すすべての表現！

05 とてもきれい。

真好看。
Zhēn hǎokàn.

"好看" hǎokàn は直訳すると「見るによい」ですが、「きれいだ」という意味です。「好＋動詞」の形で "好吃" hǎochī「おいしい」、"好听" hǎotīng「聞いて気持ちがよい」、"好闻" hǎowén「においがよい」等があります。こういうふうに似たようなグループをまとめて覚えるのが語彙を増やすコツです。

好看 hǎokàn　きれいだ

---

06 気分がよさそうだ。

好像心情很好。
Hǎoxiàng xīnqíng hěn hǎo.

"好像" は「どうも〜のようだ」と推測しているのです。人の気持ちは本当のところはわかりません。だから私たちは「私は悲しい」と言えますが、他人のことについては「彼は悲しそうだ」としか言えないのです。しかし、驚くべきことに中国語においては "他很伤心。" Tā hěn shāngxīn. と言うことができます。外面から判断してきめつけるところが何とも果敢です。

好像 hǎoxiàng　〜のようだ　　**心情** xīnqíng　心情、気分

---

07 心からうれしい。

心里很高兴。
Xīnli hěn gāoxìng.

嬉しくないことでも無理やりに笑えば、その笑いに身体が刺激されよい効果が出ます。しかし人間は喜びよりも悲しみに慣れているようです。

心里 xīnli　こころ　　**高兴** gāoxìng　うれしい

+ Desk set

Get the basics of global society through leaning of various foreign language!

right now plan!

154
right now plan!

身体、心、感情を表すすべての表現！

5-5 　CD 34

怒り、悲しみ、そして苦しみ！

introduction

世の中のことで怒りを感じたり、苛立たしくなるのは、人間が何かを無理やりに叶えようとする意志からそうなると釈迦が話しました。そうしたって、結局空虚になるわけなので、心をむなしくして執着しないほうがいいという意味で話したようです。苦痛と不幸は、人が目に見える現象に執着して必ず何かを叶えようとすることで生ずるのです。

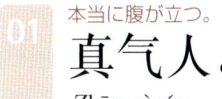

>>

01 本当に腹が立つ。
真气人。
Zhēn qì rén.

◇◇ "气人" qì rén とは変わった表現です。「人を腹立たしくさせる」ということでしょう。このように後に "人" rén が来る似たような言い方としては "吓人" xià rén（人を驚かす）や "烦人" fán rén（煩わしい、いらいらする）、"腻人" nì rén（話がくどくてうんざりする）などがあります。

气 qì 怒る

02

くそ、めちゃくちゃだ。

他妈的，乱七八糟的。

Tā mā de, luàn qī bā zāo de.

⚙️ "他妈的" tā mā de は中国語のなかでは一番おなじみの罵り言葉です。使うのはもちろんあまりお勧めできません。でも人が使うのを聞いて意味を理解する必要はあります。この言葉はあまりにも常用され、いまでは「くそ、もうまったく」ぐらいの意味しかなくなりました。"乱七八糟" は四字熟語で「めちゃくちゃだ、乱雑だ」ということです。

乱七八糟 luàn qī bā zāo めちゃくちゃだ、乱雑だ

03

なに？　またパソコンの調子が悪くなったの。

什么？电脑又出毛病了。

Shénme? Diànnǎo yòu chū máobìng le.

⚙️ 「何だって？」そう聞き返すときは "什么？" Shénme? と言います。"电脑" diànnǎo は「パソコン」のことですが、「電気脳」とはうまい訳語です。"出毛病" chū máobìng は「故障する」ということですが、その前に "又" yòu がついています。「やれやれ又か」といううんざり気分が伺えます。

电脑 diànnǎo パソコン　　**又** yòu また　　**毛病** máobìng 故障

04

極めて遺憾です。

太遗憾了。

Tài yíhàn le.

⚙️ この文は、きわめて不愉快という意味にもなりますし、きわめて残念という意味にもなります。外交の場で使われると、「不満」や「抗議」を表すことはご存知でしょう。こんな文とは縁があってほしくないですね。

遗憾 yíhàn 遺憾である

05 もったいない。
太可惜了。
Tài kěxī le.

"可" kě は本来「許可」の意味を持っていますが、「可＋動詞」は「～する価値がある」という意味を表します。"可惜" kěxī なら「惜しむべき」で、「ああ、もったいない！」という時に使います。同じような構造の語で "可观" kěguān「見る価値がある」、"可爱" kě'ài「可愛い」、"可笑" kěxiào「笑うべきである」等があります。

可惜 kěxī 惜しい

06 まったく嫌らしい。
真讨厌。
Zhēn tǎoyàn.

女性がいけ好かない男性に対して吐き捨てるようにこう言うのを聞いたことがあります。（筆者に向かってではありません）TV ドラマなどで耳にしたのです。人が嫌い、というの基本義ですが、人以外にも使われます。"这种病真讨厌。" Zhè zhǒng bìng zhēn tǎoyàn.（この病気は実に厄介だ）などです。

讨厌 tǎoyàn 嫌だ

07 最近しんどい。
这几天过得很难过。
Zhè jǐ tiān guòde hěn nánguò.

"这几天" zhè jǐ tiān は「ここ何日」という意味ですが、ここでは「数日間」を意味します。韓国語で「二三日」というように中国語でも "两三天" liǎng sān tiān と言います。ですので、二日とか三日だけを意味するのではなく「ここの何日間」を意味します。

几 jǐ いくつ　　过 guò 過ごす　　难过 nánguò 苦しい

+ Toy train

Get the basics of global society through leaning of various foreign language!

right now plan!

身体、心、感情を表すすべての表現！

5-6

あら、びっくりした。

introduction

世の中で一番驚くことと言えばしきりに起こる特異な自然現象ではないでしょうか。中国では昔から天の原理として天道が位置づけられ、畏敬の念を抱いてきました。特に中国人は農耕民族だったので、天のことを怖がっていたようです。

01　これは冗談ではありません。

这件事不是玩儿的！
Zhè jiàn shì bú shì wánr de!

中国では昔から冗談を嫌がる伝統があります。とくに孔子が生きていた春秋時期は戦争で血なまぐさかったので、現実上どうやれば調和がとれて、おなかいっぱい食べられるかを心配していて、楽しくて面白い文芸などはあまり発達しませんでした。それでフィクションである小説なども最も遅く発展したらしいです。

这件事 zhè jiàn shì　この事、この件

玩儿的 wánr de　遊び、冗談

02 びっくりした。
大吃一惊。
Dà chī yì jīng.

"吃惊" chījīng を直訳すると「驚きを食べる→びっくりする」という意味です。"吃苦" chīkǔ「苦しい目にあう」、"吃亏" chīkuī「損をする」、"吃力" chīlì「骨が折れる」のように、何かを「食べる」というのは「苦しい思いをする」という意味に傾いています。

大 dà ひどく　　**吃惊** chī jīng 驚く

03 本当に不思議ですね。
真的吗？太奇怪了。
Zhēn de ma? Tài qíguài le.

日本と韓国の関係を近いような遠いような関係だと言っているように、中国との関係も同じです。お互い似ている文化と歴史的伝統を持つ国同士と思っていますが、実際は生き方、考え方等の面で異なることが多いです。両国の友好にとって最も大切なのはお互いに理解することです。

真的 zhēn de 本当だ　　**奇怪** qíguài 不思議だ、奇妙だ

04 まったく思ってもなかった。
真没想到。
Zhēn méi xiǎngdào.

「没＋名詞」は「〜を持っていない」という意味で使われますが、「没＋動詞」は「〜しなかった」という意味で使われます。"到" dào は動詞で「到着する」という意味ですが、「動詞＋到」は動詞の結果補語として、動作の結果や目的が達成されたことを表します。"买到" mǎidào なら「買って手に入れる」です。

没 méi 〜しなかった　　**想到** xiǎngdào 思い到る

身体、心、感情を表すすべての表現！

05 いったいどういうこと？
怎么回事？
Zěnme huí shì?

"回事" huí shì の前に "一" yī が省略された形です。"一回事" は「1 回の事」で、中国語ではこのような "一" をよく省略します。"回" huí は「回、度」という意味で、量詞です。

回 huí 回、度（動作の回数を表す量詞）

06 誰でもきっと変だと思うでしょう。
大家必定觉得奇怪。
Dàjiā bìdìng juéde qíguài.

"大家" dàjiā は「大家（おおや）」さんでも学術の「大家（たいか）」でもなく、ここでは「みんな」という意味で、一定の範囲内にいるすべての人を指します。中国語で専門家は "专家" zhuānjiā と言います。

大家 dàjiā みんな　　**必定** bìdìng きっと、間違いなく
觉得 juéde 感じる、〜と思う　　**奇怪** qíguài 奇妙だ、変だ

07 そんなバカな！
岂有此理！
Qǐ yǒu cǐ lǐ!

漢字は元々一文字が一つの単語になる単音節語です。しかし分かりやすくするため似た意味の文字を組み合わせて多音節語を作り上げて使っています。例のような言葉は典型的な昔の言い方で、現在はあまり使われていませんが、中国人の中ではいまでも昔の言い方をすると簡潔で、知識があると思う傾向があるようです。訓読すれば「豈（あ）に此（こ）の理（り）あらんや」です。反語ですから「そのような道理はない→バカなことを！」となります。

岂 qǐ どうして〜か　　**此** cǐ これ、この　　**理** lǐ 道理、理屈

語法 8 講

5 テンスとアスペクト

中国語にはいわゆる「テンス」というものがありません。あることが「過去」のことであろうが、「現在」のことであろうが、それによって動詞が規則的に変化するという文法システムはないのです。例えば次の文、動詞は"是"shì ですが、過去のことであれ、現在のことであれ、「是」は「是」のままです。

▶ 現在他是大学生。Xiànzài tā shì dàxuéshēng.（現在彼は大学生です）
▶ 去年他是大学生。Qùnián tā shì dàxuéshēng.（去年彼は大学生でした）

日本語なら「です」か「でした」かですから、動詞が違ってきます。次も同じような例です。京劇をやっている劇場の前にやってきました。出し物は何かをたずねます。いろいろな日本語に訳せますが、中国語としては"演"のままです。

▶ 今天演什么？ Jīntiān yǎn shénme?　a: 今日は出し物は何をやっていますか。
　　　　　　　　　　　　　　　　　　b: 今日は出し物は何をやる予定ですか。
▶ 昨天演什么？ Zuótián yǎn shénme?　c: 昨日は出し物は何をやりましたか。

このようにテンスはありませんが、動詞のアスペクトと呼ばれるもの、つまり「ある動作が、いまどのフェーズにあるのかを特に指定するマーク」はあります。いずれも動詞の後にある成分を加えるのです。

	吃 chī（食べる）	唱 chàng（歌う）
完了・実現	吃了 chīle（食べた）	唱了 chàngle（歌った）
持続	吃着 chīzhe（食べている）	唱着 chàngzhe（歌っている）
経験	吃过 chīguo（食べたことがある）	唱过 chàngguo（歌ったことがある）

アスペクトはテンスとは違いますから、"了"le があってもそれは動作の「完了または実現」を表しているだけです。それが「過去」に実現したというこ

❺ テンスとアスペクト

とを必ずしも意味しません。例えば、

▶ 吃了饭就去游泳。Chīle fàn jiù qù yóuyǒng.（ご飯を食べたら泳ぎに行く）

のように、「ご飯をたべる」ということが完了したら、ということですからこれなどは「未来完了」です。「過去完了」ではありません。そもそもこのように「過去」とか「未来」という時間と「完了」が組み合わせられるということからも「テンス」と「アスペクト」は別物だということが理解できるでしょう。

さて、同じ"了"という形をしているのですが、文末につく"了"があります。これは語気助詞の"了"と呼ばれるもので、これが文末につくと「そのような事態が発生した」という意味を表します。ですから、先ほどの文も

▶ 吃了饭就去游泳了。Chīle fàn jiù qù yóuyǒng le.
（ご飯を食べてから泳ぎに行った）

のように文の意味が変わってきます。次のような対比で会得してください。

▶ 你买什么？　　Nǐ mǎi shénme?　　（何を買うの？）
▶ 你买什么了？　Nǐ mǎi shénme le?　（何を買ったの？）

次のような文も"了"の有無で意味が変わってきます。

▶ 他是爸爸了。　Tā shì bàba le.（彼はお父さんになった＝子どもが生まれた）

Get the basics of global society through learning of various foreign language!

Part
SIX

友達をつくるときに必ず必要なすべての表現！

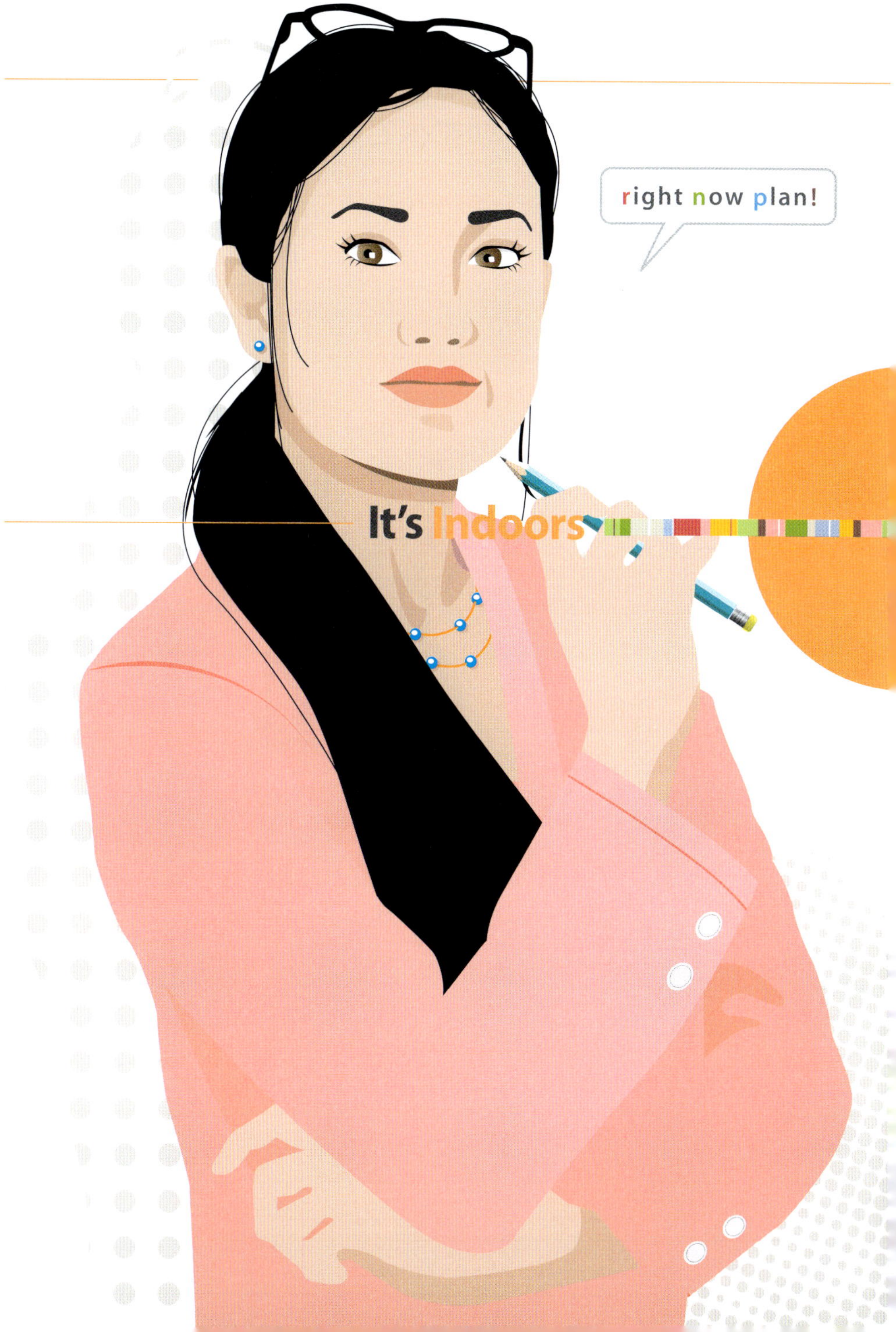

part six 第**6**章

CD 36

友達をつくるときに
必ず必要なすべての表現！

right now plan!

*Get the basics of
global society through
leaning of various foreign language!*

photo joke ●照片笑話●

(写真撮影：**杨树利**)

你　到底　多　大　了？
Nǐ　dàodǐ　duō　dà　le?

—26　岁　零　几　个　月。
— Èrshí liù　suì　líng　jǐ　ge　yuè.

到底　零　几　个　月？
Dàodǐ　líng　jǐ　ge　yuè?

—零　60　个　月。
—Líng　liùshí　ge　yuè.

あなた何歳？
—26歳と数ヶ月。
数ヶ月って、いったい何ヶ月なの？
—あと60ヶ月。

+ Chest

Get the basics of global society through leaning of various foreign language!

right now plan!

168
right now plan!

友達をつくるときに必ず必要なすべての表現！

6-1 天気の話題で話しかけよう！

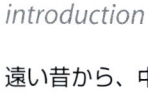

introduction

遠い昔から、中国のような農耕民族の最大の関心事はやはり天気のようです。よい天気に恵まれて初めて豊作になることから、中国人は常に天気に関心をもっていました。これは今日になってもたいして変っていません。従って友達作りには天気の話ほど適したものはない、と言えるでしょう。

01 日が昇ってきました。
太阳出来了。
Tàiyáng chūlai le.

中国は殷の時代から太陽を崇めていました。そして太陽には、三本足の烏 ― 三足烏 ― が住んでいて、太陽が万物生成に必要なエネルギーを与えていると思われてきました。

太阳 tàiyáng 太陽、日光　　出来 chūlai 出てくる、昇る

02　今日は少し曇っています。
今天天气有点儿阴。
Jīntiān tiānqì yǒudiǎnr yīn.

　　中国では長閑な天候を見るのが難しいです。春に飛来する黄砂は、時には恐ろしいものです。黄砂で人が死ぬこともありますから。それに、最近は世界各地から進出した工場が排出する煤煙も加わって、快晴を見ることがますます難しくなってきたようです。

- 天气 tiānqì　天気
- 有点儿 yǒudiǎnr　少し、若干
- 阴 yīn　曇っている

03　雨が降りそうです。
好像要下雨了。
Hǎoxiàng yào xià yǔ le.

　　"下雨" xià yǔ を直訳すると、「雨を降らす」になります。韓国語と語順が違います。中国語では「天が雨を降らす」と考えているからです。このように主語を用いない文を「無主語文」といいます。

- 好像 hǎoxiàng　まるで～のようだ
- 要～了 yào ~ le　まもなく～ということになる
- 下雨 xià yǔ　雨が降る

04　今、土砂降りの雨が降っています。
正下着倾盆大雨。
Zhèng xiàzhe qīngpén dàyǔ.

　　中国では、夏王朝を建てた禹が黄河の治水に力を注ぎ、百姓を助けたと伝えられています。「治める」意味の"治" zhì という字に、「みず」の"水" shuǐ が添えられています。「水を治める」ということは政治の始まりであるとされていました。

- 正 zhèng　ちょうど
- 着 zhe　持続を表すアスペクト助詞
- 倾盆 qīngpén　お盆を傾ける
- 大雨 dàyǔ　大雨

友達をつくるときに必ず必要なすべての表現！

05 今日は暖かいです。
今天很暖和。
Jīntiān hěn nuǎnhuo.

🔹🔹 天気が暑いは"天气热"tiānqì rè といいますが、中国の南部にあるいくつかの都市は、夏になると火のように暑いと言われています。中国では天気に関する独特な制度を取り入れています。天気予報で摂氏37度以上と予報されると、学校や会社は自動的に休みに入ります。

暖和 nuǎnhuo 暖かい

06 本当に寒いですね。凍え死にそうです。
真的很冷，要冻死了。
Zhēn de hěn lěng, yào dòngsǐ le.

🔹🔹 "死了"sǐ le は「形容詞＋"死了"」の形で「とても〜、死ぬほど〜」という意味で使われます。例えば、"累死了"lèisǐ le「とても疲れた」、"甜死了"tiánsǐ le は「とても甘い」。しかし"好死了"hǎosǐ le とは言いません。ポジティブな意味の形容詞"好"hǎo には使われません。こういう時は、代わりに"好极了"hǎojí le といいます。

冷 lěng 寒い　　**冻** dòng 凍る、凍える

07 雪がひどく降っています。
雪下得很大。
Xuě xiàde hěn dà.

🔹🔹 「雨が降る」は"下雨"xià yǔ。同じように「雪が降る」は"下雪"xià xuě といいます。このような目的語がある文に様態補語を用いる場合、「動詞述語"下"xià ＋目的語"雪"xuě ＋動詞述語"下"xià ＋"得"de ＋様態補語"很大"hěn dà」にして動詞を2回使いますが、一番目の動詞"下"xià は省略してもよいです。

雪 xuě 雪

+ Living set

Get the basics of global society through leaning of various foreign language!

right now plan!

172
right now plan!

友達をつくるときに必ず必要なすべての表現！

6-2 今日デートがあるのよ！

CD 38

right now plan!

introduction

中国の公園や街では、昼間でもいちゃつく若いカップルをよく見かけます。これを見ると、中国人の性観念がとても開放的に思われますが、中国ではまだ若い男女のデートに相応しい場所が少ないからでしょう。

01

わたしは夜、デートがあります。

我晚上有个约会。

Wǒ wǎnshang yǒu ge yuēhuì.

おそらく中国の若者がよく行くデートの場所は映画館かもしれません。安いし、雰囲気もそれなりによいところです。中国のホテルでは、法律上の夫婦ではないカップルを泊まらせることができないそうです。ただ最近は、「2時間50元」のような看板をよく見かけることができます。

晚上 wǎnshang 夜　　约会 yuēhuì デート、約束

02 誰と付き合っていますか？
和谁交朋友？
Hé shéi jiāo péngyou?

◇◆ 孔子曰く、"和而不同" hé ér bù tóng「和して同ぜず」。即ち君子は対人関係において、協調はしますが、主体性は貫くという意味です。小人は逆に"同而不和" tóng ér bù hé「同じて和せず」。即ち徳のない人は主体性がなく、協調しようとしない、ということです。

> 和～＋動詞 hé～　～と一緒に～する
>
> 交 jiāo　交際する、付き合う

03 彼はわたしの恋人です。
他是我男朋友。
Tā shì wǒ nánpéngyou.

◇◆ "男朋友" nánpéngyou は字を見ると「男性の友人」ですが、これは「恋人、彼」のことです。中国語では一般の男性の友人の場合は"男性朋友" nánxìng péngyou といいます。「彼女」はもちろん"女朋友" nǚpéngyou です。恋人は中国語では一般に"情人" qíngrén と言い、中国語の"爱人" àiren は夫婦のどちらか一方を指します。

> 男朋友 nánpéngyou　恋人（男性）

04 だれかいい人を紹介してほしいです。
请给我介绍一个对象。
Qǐng gěi wǒ jièshào yí ge duìxiàng.

◇◆ "给" gěi は前置詞であり、「～に（～をしてあげる）」という意味です。中国語の前置詞はもともとすべて動詞だったため、前置詞になっても本来その動詞が持っている意味は依然として生きています。

> 给我＋動詞 gěi wǒ～　わたしに～してください
>
> 介绍 jièshào 紹介する　　对象 duìxiàng 相手、恋人

友達をつくるときに必ず必要なすべての表現！

05 わたしたち二人は付き合ってもう10数年になりました。

我们俩交往已经有十多年了。

Wǒmen liǎ jiāowǎng yǐjīng yǒu shí duō nián le.

❂◎　10年も経つと山河も変るといいますが、10数年付き合っているとは大したものです。恐らくこの二人は前世において不倶戴天の関係だったかもしれません。中国も最近開放され、自由恋愛が物凄い勢いで広がっているそうです。

俩 liǎ　二人、二つ　　**交往** jiāowǎng　付き合う

多 duō　〜あまり

06 あばたもえくぼ。

情人眼里出西施。

Qíngrén yǎnli chū Xīshī.

❂◎　この文を直訳すると、「恋人の目から西施が現れる」という意味になります。西施とは春秋時代の越国の美人で、今でも美人の代名詞として使われます。日本のことわざでは「あばたもえくぼ」と言います。自分の恋人はブスでも美人に見えるというのです。このような現象が起こるのは、男と女の間で2、3年間に限り何か特殊なまどわし物質が脳の中から出てくるからであると言われています。

情人 qíngrén　恋人　　**眼里** yǎnli　目の中

西施 Xīshī　春秋時代越国の美人

07 彼は気心の知れた友人です。

他是我的知心朋友。

Tā shì wǒ de zhīxīn péngyou.

❂◎　中国の諺に"知面不知心"zhīmiàn bù zhīxīn「人の顔は知ることができるが、心を知る由がない」というのがあります。人は見かけによらぬという意味でもあります。気心の知れた友人なら、腹を割って付き合うことができ、それでこそ真の意味の友人になれるのです。

知心朋友 zhīxīn péngyou　気心の知れた友人

+ Side board

Get the basics of global society through leaning of various foreign language!

right now plan!

友達をつくるときに必ず必要なすべての表現！

6-3 電話が来た！ 留守です！

right now plan!

introduction

中国の携帯電話"手机"shǒujī と韓国の携帯電話の決定的な違いは、中国は通話料金をチャージカードで支払うことです。即ち、使う分を支払うというメリットがあります。しかし電話を無くしたら到底見つけることができないのがデメリットです。なぜなら韓国のように、固定加入者だけが使えるものではないからです。携帯を拾った人は喜ぶかも知れませんが、無くした人は大変です…

>>

---

01 電話ですよ。

来电话了。

Lái diànhuà le.

◎◆ "来电话了"Lái diànhuà le は「電話がかかってきた」という意味です。この文で「〜が」として解釈される"电话"diànhuà が目的語の場所に位置されていますが、このような文を「存現文」といいます。このような文は、不特定の何かが存在している、または現れることを表します。この文は、突然電話がかかってきたという語感を表します。

电话 diànhuà 電話

02 彼は不在です。外出しています。
他不在。出去了。
Tā bú zài. Chūqu le.

　中国ではつい最近まで、数人が一緒に使う代表電話がたくさんありました。電話をかけると"请转〜" Qǐng zhuǎn 〜「〜につないでください」を言わなければなりませんでした。それほど電話は貴重なものでした。家庭用電話機を公衆電話のように外に出してお金を稼ぐ人も大勢いました。

在 zài 〜にいる　　**出去** chūqu 出かける、外出する

03 わたしです。ジャッキー・チェンにつないでください。
是我。请转成龙接电话。
Shì wǒ. Qǐng zhuǎn Chéng Lóng jiē diànhuà.

　"是我。" Shì wǒ. は主語が省略されています。無理に主語を入れると"我是我。" Wǒ shì wǒ. 「わたしはわたしだ」になります。このような言い方が可能な理由は、中国語は英語の I, my, me のように主格、所有格、目的格を別々に表現しないからです。

转 zhuǎn つなぐ、回す　　**接电话** jiē diànhuà 電話を受ける

04 どちら様ですか。あなただったのですね。
你是哪位？原来是你。
Nǐ shì nǎ wèi? Yuánlái shì nǐ.

　"原来" yuánlái は名詞の場合「元来、元々」の意味ですが、ここでは副詞として「なんだ実は」という意味になります。「誰かと思えば、なんだ君か！」という語感です。

位 wèi 人を敬って数える時に使う量詞　　**原来** yuánlái 実は

友達をつくるときに必ず必要なすべての表現！

05 今はいません。折り返し電話させましょうか？

现在不在。让他回电话吗？

Xiànzài bú zài. Ràng tā huí diànhuà ma?

　"让" ràng は動詞の場合「譲る」という意味ですが、使役動詞 "叫" jiào と同じように、「"让" ràng ＋人＋動詞」の形で「～に～させる」という使役文になります。同じ働きをするもので、他にも書き言葉によく使われるものに "使" shǐ、"令" lìng などが挙げられます。

让 ràng ～させる　　回 huí 返答する、回答する

06 明日のことについて話そうと思ったが、また後で掛け直します。

谈一下明天的事，那以后再打。

Tán yíxià míngtiān de shì, nà yǐhòu zài dǎ.

　"一下" yíxià は本来は回数を表す数量補語です。ここでは「ちょっと～する」という意味ですが、よく目的語に前置される点に注意すべきです。なぜなら、述語動詞を補って説明するには、その述語の最も近いところに現れるべきだからです。

谈 tán 話す、議論する　　那 nà では、じゃ
以后 yǐhòu 以後、～の後　　再打 zài dǎ また掛け直す

07 わたし宛てに電話がかかってきましたか？

有我的电话吗？

Yǒu wǒ de diànhuà ma?

　"有" yǒu は本来「所有する」という意味の動詞ですが、他にもいくつかの派生義があります。"有两个月了" yǒu liǎng ge yuè le は「2ヶ月になった」、"有主意了" yǒu zhǔyi le は「考えが決まった」、"有一天" yǒu yì tiān は「ある日」、"水有三米深" shuǐ yǒu sān mǐ shēn は「水の深さが3メートルに達した」。このように "有" には様々な意味があります。

吗 ma か（疑問を表す語気助詞）

+ Cabinet

right now plan!

Get the basics of global society through leaning of various foreign language!

180
right now plan!

友達をつくるときに必ず必要なすべての表現！

6-4 友人を家に招待しよう！

introduction

中国人はめったに家に友人を招待しません。なぜなら中国の一般人が住む家が立派と言えないからです。それでも招待されたら、その友人の家がよほど素晴らしいか、本当に友人だと思っているかのどちらかでしょう。中国の一般人の実生活を見るのもよい経験になるでしょう。

01 一緒に夕飯を食べてもいいでしょう？

可以一起吃晚饭吧？
Kěyǐ yìqǐ chī wǎnfàn ba?

"可以"kěyǐ は助動詞として動詞の前におかれ、「〜することができる」という意味を表します。しかしこの文では副詞"一起"yìqǐ「一緒に」の前に置かれています。韓国語では助動詞は必ず動詞とくっついていますが、中国語では「一緒に夕飯を食べる」ことが可能なのかどうか聞いていますので、文頭に置かれ全体を修飾することができます。

一起 yìqǐ 一緒に　　晚饭 wǎnfàn 夕飯

02 明日車で迎えに行きます。
明天开车去接你。
Míngtiān kāi chē qù jiē nǐ.

🔷🔶 "开车" kāi chē は直訳すると「車を開ける」ですが、この場合の"开" kāi は「運転する」という意味の代動詞です。この文は「"开车" kāi chē ＋ "去" qù ＋ "接你" jiē nǐ」のように動詞の成分が3つ並んでいます。「運転してあなたを迎えに行く」が正しい解釈です。このように中国語は文成分間の役割を正確に表示しないため、解釈が難しく感じる場合があります。

开车 kāi chē 運転する　　**接** jiē 迎える

03 お酒をご馳走したいです。
我想请你喝酒。
Wǒ xiǎng qǐng nǐ hē jiǔ.

🔷🔶 韓国では昔、宿泊施設を「酒幕」、即ちお酒を飲む店と呼んでいました。中国は"饭店"fàndiàn と書き、ご飯を食べる店と呼んでいます。一方がお酒、一方がご飯を重視していることがわかります。韓国人がやや風流を知っているということでしょうか。

想 xiǎng ～したい　　**喝** hē 飲む　　**酒** jiǔ 酒
请＋人＋動詞 qǐng～　～に～を招待する

04 何時にお宅に着けば一番よいですか？
几点到你家最好？
Jǐ diǎn dào nǐ jiā zuì hǎo?

🔷🔶 中国人は昔、時刻の単位で"点"diǎn と"刻"kè をよく使っていました。昔と違うのは、"点"diǎn は今では1時間を、"刻"kè は今では15分を表します。英語式の1クォーターにならって15分間を"1刻"yí kè と制定したようですが、"刻"kè はもともと中国に存在していた単位です。

几点 jǐ diǎn 何時　　**到** dào 着く

友達をつくるときに必ず必要なすべての表現！

05

明日は時間がありません。今度でもよろしいですか？

明天没空儿，下次不行吗？

Míngtiān méi kòngr, xiàcì bù xíng ma?

「ない」という意味の"没"méiは本来"没有"méi yǒuですが、目的語がある場合に限って"有"yǒuを省略することができます。即ち、目的語がなく「ありません」という意味を表す場合です。単独では"没"méiのみで答えてはいけません。

空儿 kòngr 時間、ひま　　**下次** xiàcì 次回

06

お招きいただき、ありがとうございます。

谢谢你的邀请。

Xièxie nǐ de yāoqǐng.

中国ではたいていレストランのような所で結婚式と披露宴を行います。韓国人とは違って、親戚や親友のみが集まるため、誰かの結婚式に招かれるということはそれなりに親しいということになります。そのせいか、祝儀も負担になるほどたくさん包むのです。

邀请 yāoqǐng 招待する

07

いらっしゃいませ。道中ご無事だったでしょうか。

欢迎！ 一路上都好吗？

Huānyíng! Yílù shang dōu hǎo ma?

ここで"一路"yílùは「一本の道」という意味ではありません。"一"yīは「すべて、全部」という意味で「来る道においてすべて」を表します。中国で"一"yīは「一つ」の意味のほかに、「同一の」「別の」または「すべて」等という意味としても使われます。

欢迎 huānyíng 歓迎する　　**一路** yílù 道中

上 shang ある範囲内であることを表す　　**都** dōu すべて、全部

+ Gardening flower

Get the basics of global society through
leaning of various foreign language!

right now plan!

make
your life
easier.

友達をつくるときに必ず必要なすべての表現！

6-5 これが最強のくどき文句だ！

introduction

言葉ひとつで千両の借りを返すと言われていますが、私たちは毎日知らず知らずに借りを作っているような気がします。朝鮮時代には千両でお米300釜が買えると言われていましたが、言葉一つは千両よりも重いものです。

---

01 かっこういいですね。
你长得很帅。
Nǐ zhǎngde hěn shuài.

最近中国で韓流ブームが起きていますが、その中で韓国の整形手術に関心を寄せている人が増えているそうです。社会主義の中国では本来整形手術にそれほど興味がなかったのですが、改革開放以後、お金を稼いでおしゃれをすることに夢中になっているのです。韓国の技術が素晴らしいこともあるのですが、医療費用が外国と比べてかなり安いのも魅力のひとつでしょう。

帅 shuài かっこうよい

02 あなたは非常に親切ですね。
你待人非常亲切。
Nǐ dài rén fēicháng qīnqiè.

🔷🔶 孔子の思想は"仁"rén「仁」を最も重んじています。この字は「人＋二」という合成漢字です。二人の間の関係を意味し、仁愛を意味しています。"仁"rénは、常に人を理解し、許すという親切さを表すため、"亲切"qīnqièも"仁"rénのひとつの現れであると言えましょう。

待人 dài rén 人に接する　　**亲切** qīnqiè 親切である

---

03 正直言って、わたしはあなたのことが好きです。
老实说，我很喜欢你。
Lǎoshi shuō, wǒ hěn xǐhuan nǐ.

🔷🔶 中国も韓国も人を評価するとき、まずはその人が誠実かどうかを見ます。率直あるいは誠実とは、つまり嘘をつかないことです。中国語には"老实"lǎoshi「正直である」、"诚实"chéngshí「誠実である」、"信实"xìnshí「誠実で信用できる」などの単語がありますが、これらのなかには「中身がある」という意味の"实"shíがたくさん使われていることがわかります。

老实 lǎoshi 正直である　　**喜欢** xǐhuan 好きだ

---

04 わたしが言ったことはすべて真実です。
我说的都是实话。
Wǒ shuō de dōu shì shíhuà.

🔷🔶 自分が言ったことが真実だと何度も言うのは逆に不信を抱かせるものです。論語に"巧言令色。鲜矣仁"Qiǎo yán lìng sè, xiān yǐ rén「巧言令色 鮮なし仁」がありますが、言葉を飾り、表情を取り繕うという意味です。言葉だけで自身のことを証明しようとすることにどこか疑問を感じるのが正直な気持ちです。

实话 shíhuà 本当の話　　**说的** shuō de 言ったこと

友達をつくるときに必ず必要なすべての表現！

05 今夜あなたと一緒に過ごしたいです。

我想今晚和你一起过夜。

Wǒ xiǎng jīnwǎn hé nǐ yìqǐ guòyè.

社会主義国家である中国では、男女問題に対しては厳しいものです。男女間のふしだらな行いに対して厳しく取り締まります。資本主義社会と比べて、精神的に優越であると見せかけるため、という気がしないでもありません。

我想 wǒ xiǎng わたしは〜したい　　**今晚** jīnwǎn 今晚、今夜

和〜一起 hé 〜 yìqǐ 〜と一緒に　　**过夜** guòyè 一夜を過ごす

06 あなたはわたしのアイドルです。

你是我的偶像。

Nǐ shì wǒ de ǒuxiàng.

"偶像"ǒuxiàng は「アイドル」、盲目的に崇拝する対象の意味です。英語の fan には熱狂的という意味合いが含まれているのですが、中国語でこれにあたるものは "迷" mí です。例えば "球迷" qiúmí「サッカーファン」、"影迷" yǐngmí「映画のファン」など。「あなたのファンです」と言うときは "我是你的粉丝" wǒ shì nǐ de fěnsī と言います。

偶像 ǒuxiàng アイドル

07 あなたの腕前は本当に素晴らしいですね。

你的本领真了不得。

Nǐ de běnlǐng zhēn liǎobudé.

動詞に "不得" budé や "不起" buqǐ などをつけて、動作の不可能を表します。"了不得" liǎobudé も "了不起" liǎobuqǐ もともに「突出している、大したものだ」という意味です。"对不起" duìbuqǐ は「顔向けできない」でしたし、"看不起" kànbuqǐ は「軽く見る、バカにする」ということです。後ろに "〜不起" がつく語です。

本领 běnlǐng 才能、腕前　　**了** liǎo 終わる、完了する

了不得 liǎobudé （理解できないほど）大したものだ、素晴らしい

+ **Bed**

Get the basics of global society through leaning of various foreign language!

right now plan!

188
right now plan!

友達をつくるときに必ず必要なすべての表現！

6-6 デートに誘おう！

right now plan!

introduction

よく知られている中国の歌 "甜蜜蜜" Tiánmìmì にはこのような歌詞があります。"在哪里见过你" zài nǎli jiànguo nǐ 「どこかであなたを見かけたことがある」。ある種の錯視現象かもしれませんが、本当は男女間のナンパの定石セリフと言ってもよさそうです。

>>

01 あなたに会えて光栄です。

见到你，是我的荣幸。

Jiàndào nǐ, shì wǒ de róngxìng.

◯◯ "见到" jiàndào の "到" dào は動詞の結果補語として「〜に至る」という意味です。即ち、"见" jiàn が「会う」の意味なら、"见到" jiàndào は「会えた」の意味になり、"见" jiàn の動作が実現されたことを説明するものです。

荣幸 róngxìng 光栄

02
あなたにもう少しここにいてほしいです。
我愿意你在这里多留一会儿。
Wǒ yuànyi nǐ zài zhèli duō liú yíhuìr.

🔹🔷　お釈迦様が言うには、人間の不幸は何かに執着することに端を発するのです。執着は言葉で言うと、「もう少し〜することを望む」"愿意多〜" yuànyi duō になります。このように祈ることは、自身の幸せのためではありますが、かえって不幸の源になるのです。

愿意 yuànyi 〜することを望む　　**这里** zhèli ここ
留 liú 残る　　**一会儿** yíhuìr 少しの間

03
彼はいつまでもわたしの心の中で生きています。
他永远活在我的心里。
Tā yǒngyuǎn huózài wǒ de xīnli.

🔹🔷　いつまでも変らないものはこの世にあるのでしょうか。老子は『道徳経』で "道可道，非常道" Dào kě dào, fēi cháng dào 「道の道とすべきは常の道に非ず」と言っています。世の中には変らないものはないという懐疑論的世界観を展開しています。

永远 yǒngyuǎn 永遠に、いつまでも　　**活** huó 生きる
在 zài 存在の意味を表す結果補語

04
あなたの声が聞きたくて電話をしました。
我想听你的声音，所以打电话了。
Wǒ xiǎng tīng nǐ de shēngyīn, suǒyǐ dǎ diànhuà le.

🔹🔷　人類と動物の違いは、人類は言葉が話せることです。もちろんその上に文字が加わって人間だけが巧みに使うことができます。相手に「あなたの声が聞きたい」と言うことは、相手の声をもって自分の恋しさを満たしたいと伝えているのと同じです。

声音 shēngyīn 声、音

友達をつくるときに必ず必要なすべての表現！

05 いつまでもわたしのことを覚えていてください。
你永远不要忘记我。
Nǐ yǒngyuǎn búyào wàngjì wǒ.

「忘れてほしくない」、なんと悲しい言葉でしょう。世の中で一番不幸な女は憎まれる女ではなく、忘れられた女です。それほど人間は憎まれても相手との関係を保つことを望む社会的な動物です。それに中国は、個人より集団における人間関係を重視する習慣が強いです。

不要 búyào ～するな　　**忘记** wàngjì 忘れる

06 あなたなしでは生きていけません。
没有你，我活不下去。
Méiyou nǐ, wǒ huóbuxiàqù.

中国の秦の時代に孟姜女の物語があります。彼女は万里の長城建設の労役に服しに行ったまま帰ってこない夫を探しに行ったのですが、死んだと聞き、悲しくて毎日泣いてばかりいました。彼女の涙に打たれて万里の長城の城壁は自ら崩れおち、そこから夫の死体が見つかったというのです。女性の涙は神様の心を打つことができるようです。

活 huó 生きる　　**～下去** ～xiàqù ～していく

07 わたしはあなたが傍にいないと生きていけません。
我离开了你就不能活。
Wǒ líkāile nǐ jiù bù néng huó.

10年ぐらい前に《活着》huózhe「生きる」という映画がありました。1940年代、裕福な家庭で生まれ育ったお坊ちゃまが日中戦争時と社会主義革命時代に経験した人生の様々な試練を描いた物語です。タイトルにある"着"zhe は持続を表すアスペクト助詞で、タイトルの意味は「生きている」です。今までの人生を振り返らずにはいられない、いい映画です。

离开 líkāi 離れる　　**不能** bù néng ～することができない

語法 8 講

6 動詞と目的語の組合せ

　中国語と日本語の違いはいろいろありますが、「リンゴを食べる」というときの「を」、あるいは「家に帰る」というときの「に」などを中国語では表示しません。

- 吃 苹果　　chī píngguǒ
- 回 家　　　huí jiā

　このようにただ動詞とその目的語がポツンと並んでいるだけです。中国人が日本語を習うときには、どういうときに「を」を使うのか、どういう場合に「に」を使うのかを学ばねばなりません。

- 喝啤酒　　hē píjiǔ　　　（ビールを飲む）
- 去中国　　qù Zhōngguó　（中国に行く）
- 写毛笔　　xiě máobǐ　　（毛筆で書く）
- 下大雨　　xià dàyǔ　　　（大雨が降る）
- 坐飞机　　zuò fēijī　　　（飛行機に乗る）
- 喜欢他　　xǐhuan tā　　　（彼が好きだ）
- 擦黑板　　cā hēibǎn　　　（黒板を消す）
- 骑自行车　qí zìxíngchē　（自転車に乗る）

　このように助詞は日本語を学ぶ中国人にとって難しいのです。一方、中国語を学習する我々にとって難しいのは、例えば"骑自行车"における動詞"骑" qí でしょう。自転車に「乗る」は「またがって乗る」という意味の"骑"を使うのです。同じ「乗る」でもバスやタクシー、飛行機に「乗る」のは"坐" zuò です。テレビをつけるのは"开电视" kāi diànshì ですし、テレビを消すなら"关电视" guān diànshì といいます。いずれも動詞が要注意です。
　他にもこのような動詞と目的語の組合せは日本語からは想像がつかないので意識的に覚えることが必要です。常用のものだけを挙げておきましょう。

❻ 動詞と目的語の組合せ

車を運転する	开车 kāi chē
お茶をいれる	倒茶 dào chá
手紙を出す	寄信 jì xìn
学校がひける	放学 fàng xué
引っ越しする	搬家 bān jiā
辞書を引く	查词典 chá cídiǎn
クスリを飲む	吃药 chī yào
服を着る	穿衣服 chuān yīfu
傘をさす	打伞 dǎ sǎn
帽子をかぶる	戴帽子 dài màozi
料理をオーダーする	点菜 diǎn cài
FAXを送る	发传真 fā chuánzhēn
お金を使う	花钱 huā qián
地図を書く	画地图 huà dìtú
字を書く	写字 xiě zì
電話に出る	接电话 jiē diànhuà
大学を受ける	考大学 kǎo dàxué
授業に出る	上课 shàng kè

同じ「おいしい」でも「食べておいしい」のは"好吃"hǎochī ですが、ビールのような「飲んでおいしい」のなら"好喝"hǎohē です。さらに「見てここちよい」のは"好看"hǎokàn ですし、「嗅いでここちよい」のは"好闻"hǎowén です。これらも動詞で言い分けているのです。

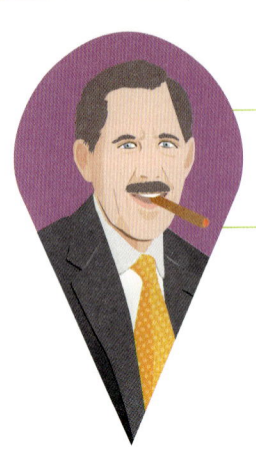

Get the basics of global society through learning of various foreign language!

Part
SEVEN

一緒に食事をするときに必要な
すべての表現！

right now plan!

It's Indoors

part seven | **第 7 章**

一緒に食事をするときに必要なすべての表現！

right now plan!

Get the basics of global society through leaning of various foreign language!

photo joke ●照片笑話●

(写真撮影者不明)

爸爸，你 是 在 对准 我 吗？
Bàba, nǐ shì zài duìzhǔn wǒ ma?

パパ、私にピント合わせてる？

+ Armchair

Get the basics of global society through leaning of various foreign language!

right now plan!

198
right now plan!

一緒に食事をするときに必要なすべての表現！

7-1 友人と家で食事しよう

right now plan!

introduction

"和" hé という字は「禾」に「口」を足してできた漢字です。「一緒にご飯を食べる」という意味解釈もできます。告子は孟子と人性について語り合ったことがありますが、彼は、人間の本質は飲んだり食べたりすることに尽きると主張しています。そのことだけが人生のすべてではないはずなのに…

---

01 外で食べましょう。

我们去外边吃吧。
Wǒmen qù wàibian chī ba.

中国人はたいてい朝ごはんを軽く済ませます。"稀饭" xīfàn「お粥」、"包子" bāozi「肉まん」、"煎饼" jiānbing「ジェンビン（高粱や小麦、粟をひいてのり状にしてから、平らの鍋に薄く延ばして焼いたもの）」に牛乳やヨーグルト、どれも簡単な朝食です。街の食堂は朝から賑わい、食べ物が入っているビニール袋を持って出勤する人をよく見かけます。

外边 wàibian 外、外側

02 家にあるものを食べましょう。
家里有什么，就吃什么吧。
Jiāli yǒu shénme, jiù chī shénme ba.

この文を解釈すると「家に何かありますか？もしあるならその何かを食べましょう」になります。中国語では"什么"shénme が2回現れます。疑問詞が前後で呼応しているので、疑問詞呼応構文などと呼ばれます。短くすれば"有什么，吃什么"Yǒu shénme, chī shénme です。

家里 jiāli　家の中、家庭　　**就** jiù　～するとすぐ

03 お任せします、何でもよいです。
随便，什么菜都可以。
Suíbiàn, shénme cài dōu kěyǐ.

これは中国人の口からよく聞く言葉のひとつです。「あなたが見計らって～してください」という意味の"看着办吧"kànzhe bàn ba「見計らってやる」の使い方と同様です。何かにこだわることなく、あるいは自身の考えを相手に強く押し付けず、常に余裕を見せるのが君子であると思われています。

随便 suíbiàn　こだわることなく気ままである

什么～都 shénme ～ dōu　何でも～

04 今日はわたしがご馳走します。
今天我请客。
Jīntiān wǒ qǐngkè.

"请客"qǐngkè は「客を招く」という意味から「ごちそうする」に拡張され、よく使われています。中国にはまだ割り勘の文化がありません。各自で支払う意味の"ＡＡ制"AAzhì がなかった国ですが、この言葉の普及から、今では西洋の個人主義が徐々に浸透してきていることがわかります。

请客 qǐngkè　ごちそうする　　**ＡＡ制** AAzhì　割り勘

一緒に食事をするときに必要なすべての表現！

05 後ほど注文します。
等一会儿再点。
Děng yíhuìr zài diǎn.

"一会儿" yíhuìr を発音するとき、"huìr"の"i"を省いて読みます。動詞"等" děng の後について「しばらくの間」という動作の時間量を表します。"再" zài は「再び」という意味ですが、前の文で表す事態が済んでから、後の動作が起きることを表します。即ち、ここでは一度注文した後、もう一度注文することを言うのではなく、「しばらく待って」それから注文するという意味です。

等 děng 待つ　　**一会儿** yíhuìr 少しの間
再 zài （〜して）それから　　**点** diǎn 注文する

06 肉料理にしますか、それとも魚料理にしますか？
是吃肉还是吃鱼？
Shì chī ròu háishi chī yú?

中国は土地が広くて物産が豊かであるだけに、様々な食べ物があります。北方は海から遠いこともあり、シーフード料理がとても珍しいです。逆に香港や広東省のような南方では、それこそいろいろな種類の海産物がおいしく、「味のふるさと」と呼ばれるぐらいです。では、自信をもって中国語でおいしい中華料理が注文できる日のために！

肉 ròu 肉　　**还是** háishi それとも　　**鱼** yú さかな

07 このレストランの看板料理は何ですか？
这个饭馆儿有什么拿手菜？
Zhège fànguǎnr yǒu shénme náshǒucài?

知らないことは聞くのが賢明です。中華料理はテーブルにすべての料理を並べて、いっぺんに食べるのではなく、一品ずつ出されてきたものを食べながらコメントをするのが一般的です。"这叫什么菜？" Zhè jiào shénme cài?「これは何という料理ですか」、"品尝吧！" Pǐncháng ba!「食べてみてください」、"好吃。" Hǎochī.「おいしいです」のように会話を繰り広げます

饭馆儿 fànguǎnr レストラン　　**拿手** náshǒu 得意である

+ Work space

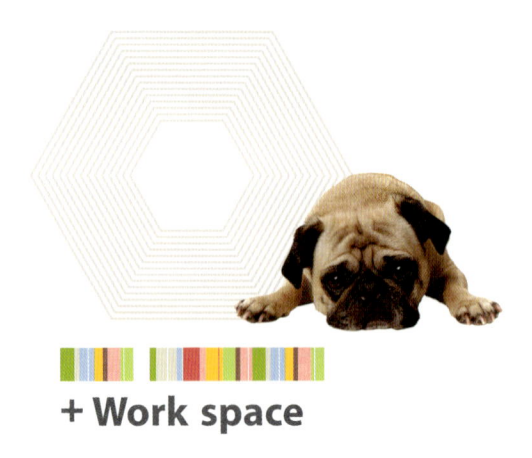

Get the basics of global society through leaning of various foreign language!

right now plan!

一緒に食事をするときに必要なすべての表現！

7-2 おいしいイベント、食事の準備

introduction

中国の男性は台所で優れた活躍を見せていますが、そのような光景を見て羨ましがる韓国の女性は果たしてどれぐらいいるのでしょうか。一方社会主義国家の中国では、女性も男性に負けず力仕事をすることがあります。孔子曰く、"夫妇有别" fūfù yǒu bié「夫婦別有り」ですが、これは男女間の差別というより区別を言っています。男女間に区別があるとすれば、それぞれすることが違うのも当たり前なことではないでしょうか。

>>

---

01 お腹が空いて死にそうです。
我快饿死了。
Wǒ kuài èsǐ le.

世の中には食べるものがなくて飢死する人もいれば、食べ過ぎて病気になってしまう人もいます。中国は今、"温饱" wēnbǎo「衣食が満ち足りている」段階を過ぎたといいますが、まだ衣食住に困っている地域も少なくありません。

快～了 kuài ~ le　まもなく～

饿死 èsǐ　飢死する、とてもお腹が空いている

02
父は台所で料理を作っています。
爸爸正在厨房炒菜。
Bàba zhèng zài chúfáng chǎo cài.

◎◎ 「料理する」は中国語で"做菜" zuò cài といいます。"炒" chǎo は「炒める」意味ですが、中華料理には炒め料理が多いため、"炒" chǎo で「作る」という意味も表すことができます。中華料理を食べる時は、油を中和させるためにお茶を飲むようになったそうです。

正 zhèng ちょうど　　厨房 chúfáng キッチン、台所

炒菜 chǎo cài 料理を作る

03
今すぐご飯を作ります。
我马上去做饭。
Wǒ mǎshàng qù zuò fàn.

◎◎ このセリフを聞いてあなたはどんな場面を想いうかべますか。韓国では奥さんが外出して帰りが遅くなったとき、慌てて家に電話をし、電話に出るのはソファに坐ってテレビを見ている旦那さん、という場面を想像します。一方中国では、男女平等を主張する社会生活を営んでいるため、家庭では家事もお互い分担し合っています。中国だと、この文は先に帰宅した人が言う台詞です。

马上 mǎshàng すぐに　　做饭 zuò fàn ご飯を作る

04
わたしは酸っぱいものにします。
我要酸的。
Wǒ yào suān de.

◎◎ "吃醋" chīcù は「嫉妬する」を意味します。これには語源があります。昔、唐の太宗が功のあった任環に女官を賜りました。そして任環の夫人が嫉妬するのを心配した太宗は強いお酒を一本夫人に渡して、飲み干したら考え直すと言いました。夫人はそのお酒を一気に飲み切ったそうです。しかしそれはお酒ではなく、なんとお酢だったということです。

酸 suān 酸っぱい

一緒に食事をするときに必要なすべての表現！

05 わたしは菜食主義者です。ここに麺類はありますか？

我吃素的。这儿有面食吗？

Wǒ chī sù de. Zhèr yǒu miànshí ma?

中国の北方は水が不足しているため、米より雑穀がたくさん作れます。従って小麦粉で作られた食べ物を主食にするところが多いのです。"意大利式 细面条" Yìdàlìshì xì miàntiáo「スパゲッティ」も元の時代に中国からヨーロッパに渡って開発された食べ物だと伝えられています。中国はやはり"面食" miànshí「麺類」の王国です。"素" sù とは「肉の入らない料理」のことです。

吃素的 chī sù de 菜食主義者　　**面食** miànshí 麺類

---

06 わたしたちは大概このようなものを食べます。

我们一般吃这样的东西。

Wǒmen yìbān chī zhèyàng de dōngxi.

中国の食生活の基本は、五穀を主食とし、野菜を副食とします。天候と土壌が違うため、地方によってそれぞれの違いを見ることができますが、一般的には、揚子江の南側では米を主食とし、黄河を中心とする北方では麺類か蒸しパンを主として食べます。

一般 yìbān 普通である　　**这样** zhèyàng このような

---

07 甘いものは体によくありません。

吃甜的对身体不好。

Chī tián de duì shēntǐ bù hǎo.

どこに行っても"减肥" jiǎnféi「ダイエットする」に悩んでいる方が多いようです。中国はみな一人っ子ですので、周りにチヤホヤされながら育ち、脂っこくて甘い"快餐" kuàicān「ファーストフード」を好んで食べるあまり、肥満児の増加という社会問題を抱えています。

甜 tián 甘い　　**对** duì 〜に対して、〜について

+ Day planner

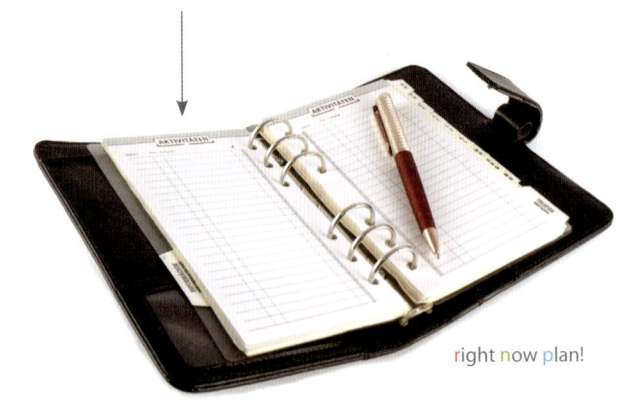

Get the basics of global society through leaning of various foreign language!

right now plan!

一緒に食事をするときに必要なすべての表現！

7-3 おいしい料理を作ってみようか？

right now plan!

introduction

日本語で言う「山海の珍味」は中国語では"山珍海味"shān zhēn hǎi wèi といいます。中国人はあらゆる美味を食べ尽くそうという意気込みがあります。少し前SARSが広まったのも中国人のこのような食生活が原因ではないかという報道がありました。中国人は、水中の潜水艦、空中の飛行機、四つ足の机、二本足のお父さんを除いては全部食べると言われています。

>>

01 この料理はどのように作りますか？

这道菜怎么做？
Zhè dào cài zěnme zuò?

中華料理は種類が多いだけに調理法も多彩です。韓国で代表的な中華料理と言えば"炸酱面"zhájiàngmiàn「ジャージャン面」ですが、中国の「お味噌」"酱"jiàng を"炸"zhá「炒めて」、"面"miàn「麺」にのせて完成です。

道 dào 道など細長いものを数える量詞、ここでは料理を数える

02

ご飯はまだ炊けていません。

饭还没有煮好。

Fàn hái méiyou zhǔhǎo.

やや高級な中華料理店でも、ご飯は冷えているし、その上粘りがありません。恐らく米の品質、炊く技術などがよくないからでしょう。中国人がわたしたちのご飯の味に慣れれば、韓国の炊飯器も輸出が増えるのではないでしょうか。

煮 zhǔ 炊く

好 hǎo 動詞の後につき、動作が首尾よく完成されたことを表す結果補語

03

しゃぶしゃぶを作ってあげます。

我给你煮火锅吃。

Wǒ gěi nǐ zhǔ huǒguō chī.

中国人の日常生活で簡単に食べられるものと言うと、"包子" bāozi「肉まん」、"煎饼" jiānbing「ジェンビン」が挙げられます。一方あらたまった席でよく食べるのは "火锅" huǒguō「しゃぶしゃぶ」です。辛い味で有名な "四川" Sìchuān「四川」式のそれは韓国人の口にぴったり！

给〜煮 gěi 〜 zhǔ 〜のために作ってあげる

火锅 huǒguō しゃぶしゃぶ

04

煮すぎてしまいました。

煮得太烂了。

Zhǔde tài làn le.

老子曰く、"治大国，若烹小鲜。" Zhì dà guó, ruò pēng xiǎoxiān.「大国を治めるは、小鮮を烹るが若し」。"小鲜" xiǎoxiān とは小魚ということです。小魚は形がくずれやすく扱いにくいのでしょう。料理が好きな民族らしく政治を料理に喩えて言う言葉です。

煮 zhǔ 煮る　　烂 làn 煮えてやわらかい

一緒に食事をするときに必要なすべての表現！

05 唐辛子は少なめに入れてください。
少放一点辣椒。
Shǎo fàng yìdiǎn làjiāo.

中国の料理の中でとりわけ四川料理が一番辛いです。四川の地形は盆地であって、海からは遠く、暑さと寒さが激しい地方です。したがって食欲をそそるにんにく、ねぎ、唐辛子などを多く使います。ピリ辛で香ばしい味は韓国人の口によく合います。特に"麻婆豆腐"mápó dòufu「マーボー豆腐」はとても人気があります。"少" shǎo を動詞の前において「少なめに」です。

少 shǎo 少ない　　放 fàng 入れる　　辣椒 làjiāo 唐辛子

06 全部あなたのために作った料理です。
都是为你做的。
Dōu shì wèi nǐ zuò de.

"为" wèi は「〜のために」を表す前置詞ですが、「〜が原因で」という意味もあります。"为人民服务" Wèi rénmín fúwù というと「人民のために奉仕する」です。韓国の官公署でも"为民奉仕"の額縁をよく見かけますが、公務員は国民のために働くべきだという意味が込められています。

做 zuò 作る

07 料理がとてもおいしいですね。
菜做得很有味儿。
Cài zuòde hěn yǒuwèir.

中華料理は種類が多いですが、私たちの口に合わないのも多いです。そういう時は困りますね。韓国人がよく食べている犬の肉の話が孟子にも出てくるほど、中国では遠い昔から多様な料理が風習として伝えられてきています。"做得" zuòde という動詞が入っていることに注意。

有味儿 yǒuwèir おいしい

味儿 wèir 発音するときは「i」を略する

+ Work space

Get the basics of global society through leaning of various foreign language!

right now plan!

一緒に食事をするときに必要なすべての表現！

7-4 では、食べましょう！

CD 47

right now plan!

introduction

韓国人はテーブルに料理を全部並べてから一気に食べ始めますが、中国人は円卓の上に料理をのせて一品ずつ食べます。主人がお客さんのためにご馳走をたくさん用意したことを示すため、食べ終わったお皿をすぐに片付けるのではなく、一枚ずつ重ねていきます。中国ではテーブルの足が折れるほど、料理をたくさん出すのが礼儀のようです。

01 遠慮しないで、たくさん食べてください。

别客气，多吃点儿。
Bié kèqi, duō chī diǎnr.

"客气" kèqi は「お客さんの気持ち」の意味ですが、形容詞として使われ「遠慮する」ということになります。"别客气" は「遠慮しないでください」になりますが、"不客气" bú kèqi と言ってもよいです。この場合、"不" bù は「～するな」を表す "不要" búyào の意味となります。

别 bié ～するな　　客气 kèqi 遠慮する

02 全部ありあわせの家庭料理です。
都是家常便饭。
Dōu shì jiācháng biànfàn.

◎◇ "家常" jiācháng は「普通の家庭によくある」の意味ですが、この文はおいしい料理を並べておいて謙遜して言うことばです。似たような表現に "家常面" jiāchángmiàn「家庭でつくるうどん」、"家常日用" jiācháng rìyòng「日常用品」、"家常话" jiāchánghuà「日常のありふれた話」などがあります。

家常便饭 jiācháng biànfàn 日常よく食べる食事

03 おいしいことはおいしいですが、脂っこいですね。
好吃是好吃，不过油太多了。
Hǎochī shì hǎochī, búguò yóu tài duō le.

◎◇ "A 是 A" AshìA は「A は A だが」。"多是多" duō shì duō は「多いことは多いが」になります。中華料理はやはり脂っこいのが問題です。ただ中国人には太っている人が少ないのですが、理由を聞いてみると、お茶をたくさん飲んだからだと言います。そして中国人は毎日脂っこい料理を食べているとは限りません。

好吃 hǎochī おいしい　　**油** yóu 油

04 いいにおい、よだれが出そうです。
很香，都流口水了。
Hěn xiāng, dōu liú kǒushuǐ le.

◎◇ "香" xiāng は「香ばしい」という意味で、韓国語では主に花の香りのようなにおいに使いますが、中国語ではいろいろな使い方があります。"这种产品很香。" Zhè zhǒng chǎnpǐn hěn xiāng.「この商品は香りがいいです。」、"睡得真香" Shuìde zhēn xiāng.「ぐっすり寝た」など。

香 xiāng 香ばしい、香りがよい　　**流** liú 流す、流れる
口水 kǒushuǐ 唾、よだれ

一緒に食事をするときに必要なすべての表現！

05 これは本当にわたしの口に合います。見た目も香りも味もすべてよいです。

这真合我的口味。色香味俱全。
Zhè zhēn hé wǒ de kǒuwèi. Sè xiāng wèi jùquán.

　色、香り、味がすべてよい料理はあるのでしょうか？見た目がおいしそうで、鼻には香ばしいにおいが、食べてみると味も口にぴったり合う、この上ない料理と言えましょう。東洋3カ国を文化の角度から議論する場合、中国は大きさ、日本は色、韓国は鮮度を重視すると言われています。中国料理は何と言ってもやはり量が多いのが特徴でしょう。

合口味 hé kǒuwèi 口に合う　　**俱全** jùquán すべて揃っている

06 もう変質して臭くなっていますよ。

已经变质了，都发臭了。
Yǐjīng biànzhì le, dōu fāchòu le.

　"变质"biànzhì は別の言い方ですと"发酵"fājiào「発酵する」。発酵食品は中華料理も韓国料理も優れています。中華料理の中で代表的な発酵食品は"臭豆腐"chòudòufu です。どんなにグルメだと言われても、こればかりはそう簡単に慣れないでしょう。韓国の「ホンオフェ」にも劣らない味だと聞きます。

已经 yǐjīng すでに、もう　　**变质** biànzhì 変質する

臭 chòu 臭い

07 何を食べてもおいしいです。

吃什么也香甜。
Chī shénme yě xiāngtián.

　なんだかんだ言っても、お腹が空いているときは何を食べてもおいしいものです。中国の食卓ではスープ類は最後に出され、たいていスプーンで食べます。麺やご飯は箸を使い、茶碗を手で持って食べます。ご飯をスープに入れたり、混ぜたりしません。

吃什么也 chī shénme yě 何を食べても

香甜 xiāngtián 香ばしくて甘い

+ Armchairs

Get the basics of global society through leaning of various foreign language!

right now plan!

214
right now plan!

一緒に食事をするときに必要なすべての表現！

7-5 もう少し食べますか？

CD 48

right now plan!

introduction

中華料理の調味料に"香菜"xiāngcài「中国パセリ」というのがあります。韓国人の口には合わない奥深い味があります。一方中国人は韓国のエゴマの葉を食べて奇妙な味がすると言っています。エゴマの葉でサム・ギョップ・サルを一枚包んで巻いて、そこに焼酎一杯。中国人はこの味がわからないようです。

>>

01 気持ばかりの料理ですが、どうぞゆっくり召し上がってください。

没有什么好吃的。请慢用。
Méiyou shénme hǎochī de. Qǐng màn yòng.

◎◎ 「箪食瓢飲」とは、美味なものがなく、簡素な飲食物を食べてつつましく暮らすことを指すときに使う言葉です。『論語』で孔子は、自分の愛弟子である顔回が貧しい生活の境遇におかれても、自分の信念を変えず、常に泰然として自分の進むべき道を歩んでいるのを見て、褒め称えて言ったことから来ています。

慢 màn 遅い、ゆっくりと　　用 yòng 食べる、飲む

02
においを嗅いだら腐っているようです。食べないで。

闻起来好像变味儿了，别吃了。
Wénqǐlai hǎoxiàng biànwèir le, bié chī le.

"闻" wén は「聞く」という意味の動詞ですが、ここでは「においを嗅ぐ」の意味です。わたしたちの感覚器官のうち、鼻と耳が実際つながっているからでもあります。見る、話す機能と違って、聞く、嗅ぐは本人の意志に寄らない共通点があることも考えられます。

- 闻 wén においを嗅ぐ、聞く
- ～起来 ~ qǐlai ～し始める（動詞の後について動作や状況の開始、継続を表す）
- 变味儿 biànwèir 味が変わる

03
まだ運ばれて来ていないものがありますが、わたしはもうお腹一杯です。

还有没上来的，不过我已经吃好了。
Hái yǒu méi shànglai de, búguò wǒ yǐjīng chīhǎo le.

"没上来" méi shànglai は「まだ運ばれてきていない」意味を表しますが、「"没" méi ＋動詞」は「まだ～していない」です。"不" bù は「～ではない、～しない」の意味ですが、"没" méi は「～しなかった」を表します。即ち、"不" bù は主観的意志の否定ですが、"没" méi は客観的にそのような状況が起きていないことを意味します。

- 上来 shànglai 運ばれてくる

04
肉まんの追加をお願いします。

再来一点儿包子。
Zài lái yìdiǎnr bāozi.

中国で食事に招待されたときに言ってはいけない台詞です。主人が料理をたくさん用意してお客さんを招待しているのに、もう少し何かをくださいということは料理が足りていないと言っているのと同じだからです。ですから主人はもっと食べるように勧め、お客さんは全部食べるのではなく、少し残しながらおいしそうに食べるのが礼儀です。

- 再 zài もっと
- 一点儿 yìdiǎnr 少し
- 包子 bāozi 肉まん

一緒に食事をするときに必要なすべての表現！

05 とてもおいしいです。
好吃极了。
Hǎochījí le.

"〜极了" jí le は形容詞の後について程度が甚だしいことを表します。ほとんどポジティブな意味をもつ形容詞に使われ、「とても〜」の意味をもつ "〜死了" sǐ le とはやや異なります。"好极了" hǎojí le は「とてもよい」、"高兴极了" gāoxìngjí le は「とても嬉しい」。

好吃 hǎochī おいしい　　極了 jí le とても

06 こんなにおいしい料理は今まで食べたことがありません。
我从来没有吃过这么好吃的。
Wǒ cónglái méiyou chīguo zhème hǎochī de.

びっくりした表情でこう言えば招待した人は大よろこびでしょう。"从来" cónglái は「過去から現在までずっと〜」ということですが、後に否定の語が続きます。"没有吃过" は「食べたことがない」です。

从来 cónglái いままで〜したことがない

过 guo 〜したことがある（動詞の後ろについて動作の経験を表すアスペクト助詞）

这么 zhème こんなに、このように

07 もう食べられません。お腹一杯になりました。
不能再吃了。已经吃饱了。
Bù néng zài chī le. Yǐjīng chībǎo le.

挨拶の中では、やはり健康に関するのがベストでしょう。特に年配の方にはとやかく言わずに健康を祈る挨拶をするのが最高です。祝祭日の頃には健康食品等が飛ぶように売れますが、ここからも中国人がどれほど健康を大事にしているかが伺えます。

吃饱 chībǎo 食べてお腹一杯になる

+ Double bed

Get the basics of global society through leaning of various foreign language!

right now plan!

一緒に食事をするときに必要なすべての表現！

7-6 デザートは何にしましょうか？

right now plan!

CD 49

introduction

おいしい中華料理を食べた後、デザートとしてライチ"荔枝" lìzhī が出てきます。ライチはもともと楊貴妃が好んで食べていた果物でしたが、中国の南方にしかなく、唐の時代の兵士たちはライチを運搬するために大変苦労したらしいです。うまく行かなかったら即死罪でしたからね。

>>

01 食後のデザートは何にしますか。

饭后吃什么点心？
Fànhòu chī shénme diǎnxīn?

"点心" diǎnxīn は韓国語では「昼食」を指します。昔、食べるものがなくて、昼食を簡単に済ませたことに由来していますが、最近は昼食も豪華になってきました。"点心" diǎnxīn は広東語で「ディムサム」と発音しますが、やはり「間食」の意味です。

饭后 fànhòu 食後　　点心 diǎnxīn デザート

02
オレンジジュースを一杯ください。
来一杯桔子水。
Lái yì bēi júzishuǐ.

○○ "来" lái は本来「来る」ですが、ここでは「来るようにする」という意味で使われています。食べ物を注文するときによく使われる表現です。"再来〜" zài lái 〜 と言うと「〜を追加でお願いする」ことになります。

杯 bēi 杯（コップや盃などを数える量詞）

桔子水 júzishuǐ オレンジジュース

03
ミネラルウォーターを一本ください。
我要一瓶矿泉水。
Wǒ yào yì píng kuàngquánshuǐ.

○○ 韓国で言う「生水」を中国語では"矿泉水" kuàngquánshuǐ といいます。中国語の"生水" shēngshuǐ は生の水を指し、お湯は"开水" kāishuǐ と言います。中国でお茶の文化が発達しているのは、水がよくないがゆえにそのまま飲めないという理由があったと言われています。

瓶 píng 瓶（瓶の中に入っているものを数える量詞）

矿泉水 kuàngquánshuǐ ミネラルウォーター

04
アイスクリームをください。
来点儿冰淇淋。
Lái diǎnr bīngqílín.

○○ "冰淇淋" bīngqílín は「アイスクリーム」。氷の"冰" bīng という字に"淇淋" qílín「クリーム」の音訳語が組み合わさって「氷クリーム」です。中国語の漢字は表意文字であるため、すべて発音通りに表記するには無理があって、意味と発音を合体させたものです。

冰淇淋 bīngqílín アイスクリーム

一緒に食事をするときに必要なすべての表現！

05 そうでなければ、ワインにしますか？

不然的话，你要喝葡萄酒吗？

Bùrán de huà, nǐ yào hē pútaojiǔ ma?

中国のお酒となるとやはり"高粱酒" gāoliángjiǔ「コウリャン酒」と答えるでしょう。コウリャン酒はアルコール度数が高く、どんなに低いものでも38度を下回ることはありません。最近中国の若者は度数が高いお酒より、ビールやワインのように低い度数のものを多く飲んでいます。

不然 bùrán そうでない　　　**〜的话** 〜de huà 〜ならば

葡萄酒 pútaojiǔ ワイン

06 お茶は何でも好きです。

什么茶我都喜欢。

Shénme chá wǒ dōu xǐhuan.

中国でお茶は生活の一部と言っていいほど誰もが好きで飲んでいる飲み物です。お茶は本来祖先や神のために祭礼を行うときに差し上げる飲み物であり、薬としての作用もあると言われています。今は生活の中の一コマとしてお茶を飲む余裕を愉しんだり、友人と人生について語ったりする時にも欠かせません。また芸術的活動の一つとして「茶道」にまで発展してきています。

什么〜都 shénme 〜 dōu 何でも〜、すべて〜　　　**茶** chá お茶

07 わたしもお茶にします。わたしがお茶を入れましょう。

我也要喝茶。我来泡。

Wǒ yě yào hē chá. Wǒ lái pào.

遠い昔からお茶は脂っこい中華料理に最適な、中国人の好きな飲み物でした。中国の近代化の起点となった"鸦片战争" Yāpiàn zhànzhēng「阿片戦争」も実際は阿片以前にお茶をめぐって中国とイギリスがギクシャクし、戦争になったそうです。動詞の"泡" pào は液体の中へ茶の葉をつけてふやかすことです。

也 yě 〜も　　**我来** Wǒ lái わたしが〜する

泡 pào （お茶を）入れる

語法 8 講
GOHOU HACHI KOU

7 修飾は前に 補語うしろ

中国語の語順について、こんな言葉があります。

「中国語 修飾は前に 補語うしろ」

これは修飾語は前にあるが、補語は後ろにある、ということです。修飾語には2つあります。連体修飾語と連用修飾語です。

- 連体修飾語：**我的书** wǒ de shū （私の本）
- 連用修飾語：**努力工作** nǔlì gōngzuò （一生懸命仕事をする）

どちらも修飾語は修飾される語の前にあります。これは日本語や韓国語と同じです。とても分かりやすいです。ちなみに目的語は動詞の後でしたから、これは英語と同じです。ちょっと要注意ですね。

- **认真学习汉语** rènzhēn xuéxí Hànyǔ（まじめに中国語を学ぶ）

さて、「補語うしろ」ですが、補語とは「補う語」と書きます。「補う」というのは後から手当すること。つまり補語とは「動詞や形容詞などについて、後からよりくわしく補足説明する成分」です。
　補語にはいくつか種類があります。まず結果補語です。後に実現済みをあらわす"了"がつくのがふつうです。

- **听懂了** tīngdǒng le（聞いて＋その結果わかる＋"了"）
- **吃饱了** chībǎo le　（食べて＋その結果お腹が一杯＋"了"）
- **写完了** xiěwán le　（書いて＋その結果終わる＋"了"）

結果補語とよく似ているのに方向補語があります。

一緒に食事をするときに必要なすべての表現！

❼ 修飾（かざり）は前に 補語うしろ

- 走进来 zǒujìnlai （歩いて＋入って＋来る）
- 跑上去 pǎoshàngqu （走って＋登って＋行く）

これは動作がどちらの方向に向かうかを示す成分で、やはり動詞の後にあります。この2種類の動詞と補語の間に"得"を入れると可能を表す補語になり、"不"を入れると不可能を表す補語になります。

- 听得懂 tīngdedǒng　　　　- 听不懂 tīngbudǒng
  （聞いて理解できる）　　　　（聞いて理解できない）
- 跑得上去 pǎodeshàngqu　　- 跑不上去 pǎobushàngqu
  （走って登って行ける）　　　（走って登って行けない）

さらに様態補語と呼ばれるものがあります。"得"によって導かれ、その動作をしてどうなったのか、動作のしかたがどうか、などを自由に述べるものです。

- 他来得很早。Tā láide hěn zǎo. （彼は早くやってきた）
- 我走得很累。Wǒ zǒude hěn lèi. （私は歩いて疲れた）

動作は実現済みか実現保障付きのものです。ですから、ときにはある人がいつもやること、つまりその人の性格などを表すこともできます。

- 他跑得很快。Tā pǎode hěn kuài.（彼は走るのが速い）

この他にも数量補語などがありますが、いずれも動詞や形容詞の直後に置かれます。

- 等十分钟　děng shí fēnzhōng　（10分間待つ）
- 去一趟　　qù yí tàng　　　　（一回行く）
- 好一些　　hǎo yìxiē　　　　　（少し良い）

いずれも日本語に訳すと語順が違いますから、やはり注意点です。

Get the basics of global society through learning of various foreign language!

Part
EIGHT

家事＆余暇に必ず必要なすべての表現！

right now plan!

It's Indoors

part eight 第8章

CD 50

家事＆余暇に
必ず必要なすべての表現！

right now plan!

Get the basics of
global society through
leaning of various foreign language!

photo joke ●照片笑話●

(写真撮影:陈家政)

老公， 回家 吧。 今晚 我们 不 吃 鱼 了，
Lǎogōng, huíjiā ba. Jīnwǎn wǒmen bù chī yú le,

改做 别 的 菜 吧。
gǎizuò bié de cài ba.

もう帰ろう。今晩は魚料理はやめて、他のにしよう、ね。

+ Sofa

Get the basics of global society through leaning of various foreign language!

right now plan!

228
right now plan!

家事＆余暇に必ず必要なすべての表現！

8-1 CD 51

朝、目が覚めたらすぐ使う表現！

right now plan!

introduction

中国人は大概早起きです。そのために夜は早く寝ます。早寝早起きはやはり農耕民族の伝統から来た習慣でしょう。

---

01 早いね。おはよう！

早来了，你早！
Zǎo lái le, nǐ zǎo!

このような挨拶は、伝統的な農耕社会では相手側を警戒する意味合いが含まれているようです。農民たちは早く起きていろいろとやることが多いです。畑に堆肥を作らなければならないし、たんぼに水を入れようとするとやはり早起きになります。

早 zǎo 早い

了 le ある動作や状況が発生したことを表す語気助詞

02

よく眠れましたか？　顔を洗って歯を磨きなさい。

睡得好吗？洗漱吧。

Shuìde hǎo ma? xǐshù ba.

◆◇　中国人が韓国人ほど徹底してやらないことはいろいろとありますが、そのうちの一つがこの「洗顔・歯磨き」です。中国人は生まれつきこうだとは言えません。ただ、昔から水が貴重なために、そのような習慣がついただけかもしれません。地球の資源保護のために中国人がそれなりに貢献をしていることにしましょう。

睡 shuì　寝る、眠る　　**洗漱** xǐshù　洗顔と歯磨きをする

03

わたしは７時に起きます。

我七点起床。

Wǒ qī diǎn qǐchuáng.

中国人はベッドの上に寝ています。韓国の「オンドル」のようなものがなく、部屋の中でも靴を脱がず、寝るときだけ靴や靴下を脱ぎます。最近、経済状況がよい家庭では、エアコン"空调"kōngtiáoを取り付けています。「オンドル」とエアコンを別々に取り付ける韓国よりは効率がよいと言えましょう。

起床 qǐchuáng　起床する、起きる

04

目が覚めたら、すぐに学校に行きます。

一起来，马上就急着上学去。

Yì qǐlai, mǎshàng jiù jízhe shàngxué qu.

◆◇　中国の大学生は大学に入ったら寮"宿舍"sùshè に住むのが普通です。従って苦行科目のような登下校は必要ありません。もちろん寮の設備等は完全とは言えませんが、その分学生たちは登下校で苦労することはありません。先生たちの寮も学校の近辺にありますので、常に学生とのコミュニケーションが取れるメリットはあります。

一〜就〜 yī〜jiù〜　〜するとすぐ　　**起来** qǐlai　起きる

急着 jízhe　急ぐ　　**上学** shàngxué　学校に行く、登校する

家事＆余暇に必ず必要なすべての表現！

05
時間になりましたので、急ぎましょう。

时间到了，快一点儿吧。
Shíjiān dào le, kuài yìdiǎnr ba.

中国にもシンデレラ"灰姑娘"Huīgūniang がいたとしたら、ぜひ覚えてもらいたい台詞です。中国の昔話はお姫様の物語より国に影響を与えた皇后や王妃の話が多いです。皇帝を"酒池肉林"jiǔ chí ròu lín「酒池肉林」に溺れさせ、国を滅ぼした絶世の美人"倾国之色"qīng guó zhī sè の物語はよい教訓になります。

时间 shíjiān 時間　　**到** dào 着く、〜になる　　**快** kuài 速い

06
もう少し寝たいです。

还想再睡一会儿。
Hái xiǎng zài shuì yíhuìr.

現実の世界で実現できないことは夢の中ならあるいは叶えることができます。それでもう少し寝ていたいのかも知れません。かつて、荘子はある日、自分が蝶になる夢を見ました。そこで彼は自身がもともと蝶だったのが、今は人間としての荘子になっているのではと疑ったそうです。

还 hái まだ　　**睡** shuì 眠る、寝る　　**一会儿** yíhuìr 少しの間

07
もう夜が明けました。

天已经大亮了。
Tiān yǐjīng dà liàng le.

中国には朝７、８時になっても夜が明けない地域があります。例えば中国の西部地方はまだ真っ暗です。中国は東西の全長が5000キロメートルあまりで、だいたい４時間程度の時差があります。朝の７、８時は西部の最端ではまだ夜中の３、４時です。中国のテレビやラジオが時報を放送するとき、頭に「北京時間」をつけて言うのもこの理由によります。

天 tiān 空、天気　　**亮** liàng 明るい

+ Double bed

Get the basics of global society through leaning of various foreign language!

right now plan!

232
right now plan!

家事＆余暇に必ず必要なすべての表現！

8-2

CD 52

right now plan!

部屋の掃除、溜まった洗濯物、片付けてしまおう！

introduction

"妇"「婦」という字は、女性が箒を持って掃除する姿を描いた字だそうです。韓国では、女性が結婚したらご飯を炊く女になってしまうといいますが、中国では女性にとって結婚とは家の掃除を任されることになるという意識に由来するのでしょう。ところが最近中国の女性は、社会で活躍するあまり、家の掃除をする余裕がなくなったとも言われます。

>>

01 今日は大掃除をしなくてはいけません。

今天该做大扫除。

Jīntiān gāi zuò dàsǎochú.

中国の一般家庭で守るべき社会的義務は"门前三包" ménqián sān bāo「門前の三事」だと聞きます。三事とは、「衛生、緑化、秩序」を指し、全部守らなければいけません。このようなことは、昔の中国が社会主義国家だからできたことと言えましょう。

该 gāi ～しなくてはいけない　　大扫除 dàsǎochú 大掃除

02 需要帮助吗？
手伝いましょうか。
Xūyào bāngzhù ma?

◆◇ "帮助" bāngzhù と "帮忙" bāngmáng は二つとも「手伝う」意味です。しかし、"帮助" bāngzhù は「動詞＋動詞」で構成されているので、「手伝ってください」を中国語で言う場合、"帮助我" bāngzhù wǒ になります。一方、"帮忙" bāngmáng は「動詞＋目的語」構造ですので、「手伝ってください」を中国語で言う場合は "帮我的忙" bāng wǒ de máng と言わなければなりません。

需要 xūyào 必要である、必要とする　　帮助 bāngzhù 手伝う、助ける

03 当然要去帮忙。
もちろん手伝いにゆきます。
Dāngrán yào qù bāngmáng.

◆◇ 2で説明したように、"帮忙" bāngmáng は「動詞＋目的語」構造であるため、さらに目的語をとることはできません。従って「あなた」という「手伝ってあげる相手」を表したいときは "帮你的忙" bāng nǐ de máng と言わなければなりません。さらに「あなたが困っているならば、当然手伝ってあげます」を中国語にすると、"你有困难，当然要帮你的忙。" Nǐ yǒu kùnnan, dāngrán yào bāng nǐ de máng. になります。

当然 dāngrán 当然だ

04 对不起，早上有课。
すみません、朝授業があります。
Duìbuqǐ, zǎoshang yǒu kè.

◆◇ 中国の大学生は大体大学の寮に入るのですが、小さい頃から甘やかされて家事など手伝うことはあまり多くありません。そして日本や韓国の学生より勉強に力を入れています。難しい大学統一試験を受けて大学に入ったのですが、昔と違って今は高い授業料を支払い、卒業後も就職が保証されません。

对不起 duìbuqǐ すみません　　有课 yǒu kè 授業がある

05 わたしも皿洗いをしなくては。

我也要洗碗。

Wǒ yě yào xǐ wǎn.

昔韓国にこのような歌がありました。「夫が皿洗いをしている途中、お皿が落ちて割れてしまった。台所の仕事がつらくてストライキをしたということではなく、さあ奥さんのために一生懸命やろう」という内容です。そろそろ韓国人も家父長制のような観念を捨てるべき時期が来たようです。だからと言って中国の女性はまったく家事をしないということではありません。

也 yě 〜も　　洗碗 xǐ wǎn 皿を洗う

06 わたしはTシャツをつくろっています。

我在缝T恤衫。

Wǒ zài féng Txùshān.

中国は世界の歴史に、紙、印刷術、火薬、羅針盤の四大発明で貢献しましたが、技術やアイディアを必要としないボタンなどのようなものはなぜ造らなかったかとても不思議です。ボタンは16世紀ヨーロッパで軍人たちのアクセサリーとして造られ、今日までに発展してきたと言われています。

缝 féng 縫う　　T恤衫 Txùshān Tシャツ

07 毛織物の服はドライクリーニングしかできません。

毛料衣服只能干洗。

Máoliào yīfu zhǐ néng gānxǐ.

"干洗"gānxǐ の"干"gān は本来「盾」の意味ですが、「乾」の簡体字として"干杯"gānbēi「乾杯」のように使われます。"干"gàn と第四声に発音される場合、「幹」の簡体字として"干什么？"Gàn shénme?「何をしますか？」と言う場合に使われます。

毛料 máoliào 毛織物　　干洗 gānxǐ ドライクリーニング

+ Party goods

Get the basics of global society through leaning of various foreign language!

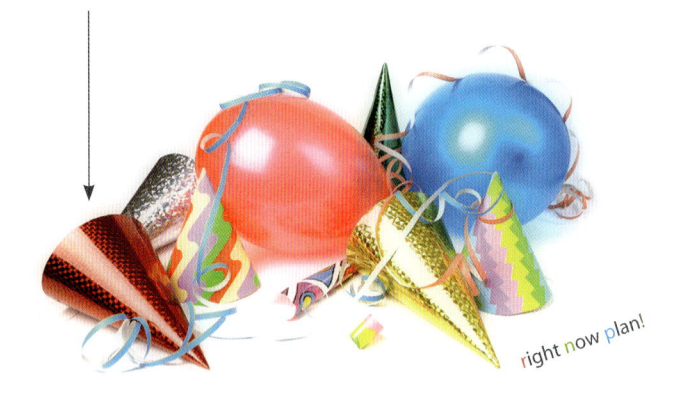

right now plan!

236
right now plan!

家事＆余暇に必ず必要なすべての表現！

8-3 環境保護に関心を示そう

CD 53

right now plan!

introduction

環境問題を考えると中国は本当に困ったものです。世界のあらゆる製造工場が中国に建てられ、そこから排出されている公害は我々の想像を遥かに超えています。昔韓国も同じようなことがありましたが、今は中国にとっての心配事です。それに春になると、黄砂のような自然災害までこちらにやって来て、それはそれは大変です。

>>

01 わたしは部屋を片付けたいです。
我想收拾屋子。
Wǒ xiǎng shōushi wūzi.

"屋子"wūzi は「部屋」の意味ですが、韓国では「屋」という字を使うと、「家」の意味になります。逆に中国語で"房子"fángzi は「家」の意味ですが、韓国語で「房」という字を書くと、これが「部屋」という意味になります。韓国人が中国語を学習するとき、最大の障害の一つが漢字の微妙な違いです。

收拾 shōushi 片付ける　　**屋子** wūzi 部屋

02 掃除機はどこにありますか？
吸尘器在哪儿？
Xīchénqì zài nǎr?

🔶🔷　春のよく晴れた日、私たちに恐怖を感じさせるのが黄砂です。時には中国と韓国の間に真空掃除機でもつけて黄砂を全部吸い取ってくれたらと思ったこともあります。「これは自然現象であって我々中国人には責任がない」と言っているようですが、黄砂には公害物質だけではなく、核物質まで含んでいると聞くとやはり不安になります。

吸尘器 xīchénqì　掃除機

03 わたしは洗濯物を出しにクリーニング屋さんに行きます。
我要去洗衣店送衣服。
Wǒ yào qù xǐyīdiàn sòng yīfu.

🔶🔷　韓国語では「洗うもの」によって用いられる動詞が異なります。例えば「洋服」、「手」、「髪の毛」には別々の「洗う」という意味の動詞がつきます。逆に中国語では"洗衣服"xǐ yīfu「洋服を洗う」、"洗手"xǐ shǒu「手を洗う」、"洗头发"xǐ tóufa「髪の毛を洗う」のようにすべて"洗"xǐを使います。ここで"送"sòngは「服を持ってゆき届ける」ことです。

洗衣店 xǐyīdiàn　クリーニング屋　　**送** sòng　届ける

04 わたしは水で洗濯をします。
我用水洗衣服。
Wǒ yòng shuǐ xǐ yīfu.

🔶🔷　荘子に洗濯の達人が登場しているのですが、その人は厳冬の日、素手で洗濯しても手がヒビ切れることがなかったそうです。しかし、彼はその技術を売って金持ちになりますが、その技術を買った人は自分の兵士たちの手が切れないようにし、戦争で勝ち続けて幸せに暮らしたそうです。人によって才能の使い方は違うものです。

用 yòng　〜で

05
浴槽を掃除しなければなりません。
应该刷洗浴缸。
Yīnggāi shuāxǐ yùgāng.

世界はだんだんボーダーレス化になってきています。日常生活において使うもの、食べるものがどんどん似てきているからです。数年前、中国を旅行したときの奇妙な経験の一つが中国のトイレ "厕所" cèsuǒ にドアがついていないことでしたが、今はだいぶ改善されてきたそうです。

刷洗 shuāxǐ こすり洗う　　**浴缸** yùgāng 浴槽

06
我が家はみなきれい好きです。
我家人都讲卫生。
Wǒ jiārén dōu jiǎng wèishēng.

孔子の儒家思想で重視している "三纲五常" sāngāng wǔcháng「三綱と五常」には家でやるべきことが三つ挙げられています。"父子有亲" fùzǐ yǒu qīn「父子親あり」、"夫妇有别" fūfù yǒu bié「夫婦別あり」、"长幼有序" zhǎngyòu yǒu xù「長幼序あり」の三つは人々が家の一員として守るべき義務と権利でした。今はだいぶ違ってきていますが。

讲 jiǎng 重視する　　**卫生** wèishēng 衛生

07
環境汚染がかなりひどいです。
环境污染相当严重。
Huánjìng wūrǎn xiāngdāng yánzhòng.

深刻な環境破壊は人類の生存をどんどん脅かしています。今中国が世界の工場であると同時に叱咤を受ける立場にもあります。しかし中国は、経済の発展のことだけを考え、それほど気にしていないようです。

环境 huánjìng 環境　　**污染** wūrǎn 汚染
相当 xiāngdāng かなり　　**严重** yánzhòng ひどい

+ **Juke box**

Get the basics of global society through leaning of various foreign language!

right now plan!

240
right now plan!

家事＆余暇に必ず必要なすべての表現！

8-4 余暇はテレビとラジオで！

right now plan!

introduction

中国人は余暇をテレビを見て楽しみます。私たちも外でぶらぶらするより家で食事をし、テレビの前で青春男女の面白いストーリを見たり、どこかで何かが起きたら記者たちが即出動して取材したりするのを見ていると、これより幸せな休日はどこにあるのだろうかと思いたいぐらいです。

01 テレビを見ましょう。
我们看电视吧。
Wǒmen kàn diànshì ba.

テレビは"电视"diànshì、ラジオは"收音机"shōuyīnjīといいます。「電気で見るもの」、「音を集める機械」の意味です。表意文字の中国語で外来語の発音を正確に表現するには限界があります。そこでその物が持っている特徴や用途を最大限に活かしながら発音と意味を融合して新しい単語を作るのです。

电视 diànshì テレビ　　收音机 shōuyīnjī ラジオ

02 テレビはどんな番組がありますか？
电视有什么节目？
Diànshì yǒu shénme jiémù?

中国のテレビは娯楽番組が多いです。そして出演者はたいてい一般の方です。韓国のように芸能人が各放送局を回って何度も出演するのに比べると、かなり新鮮味があります。これはやはり市民全体が参与し、笑って楽しめるプログラムを作ろうとする意欲の現われでしょう。

节目 jiémù 番組

03 あなたはどのような番組が好きですか？
你爱看什么节目？
Nǐ ài kàn shénme jiémù?

中国人もドラマを見るのが大好きです。最近は少なくなりましたが、一時期は韓国の連続ドラマがいくつものチャンネルで放送され、その人気ぶりはかなりのものとなっていました。韓国のドラマには、中国人が社会主義体制の中で忘れかけていた東洋の伝統的情緒が溢れているから、中国人に好かれていると思われます。

爱 ài （後に動詞を伴って）よく〜する

04 今テレビで「白い巨塔」を放送しています。
正在播出《白色的巨塔》。
Zhèngzài bōchū «Báisè de jùtǎ».

韓国のドラマや映画は中国で人気を博していますが、経済的収益はあまり上がっていません。中国はまだ知的財産権という概念がゆき渡っていないからです。海賊版"盗版"dàobǎn が横行しているのは大問題です。

正在 zhèngzài ちょうどいま　　播出 bōchū 放送する
白色的巨塔 Báisè de jùtǎ 白い巨塔（連続テレビドラマのタイトル）

05 あの連ドラは人気があります。

那部连续剧很受欢迎。

Nà bù liánxùjù hěn shòu huānyíng.

🔶🔷 人気芸能人は"红星"hóngxīng「赤いスター」と呼ばれています。赤は炎々と燃え上がる火を連想させるので、今一番人気があることを連想させるのです。中国人は黄色と赤が好きですが、それは黄色が発展を、赤が革命を象徴しているからです。

部 bù 映画や本などの部数を数えるときに使う量詞

连续剧 liánxùjù 連続ドラマ　　**受欢迎** shòu huānyíng 人気がある

06 その番組は何時からスタートしますか？

那个节目几点开播？

Nàge jiémù jǐ diǎn kāibō?

🔶🔷 中国では各省ごとにいくつものチャンネルがあって、チャンネルを変えるには時間が多少かかります。しかし面白い番組は少ないです。テレビや映画の市場がまだ開放されていないのが原因です。

开播 kāibō 放送を開始する　　**点** diǎn 〜時

07 ニュース番組をつけてください。

请打开新闻联播。

Qǐng dǎkāi xīnwén liánbō.

🔶🔷 "新闻"xīnwén は「新しく聞くもの」という意味で「ニュース、知らせ」を表します。新聞は中国語で"报纸"bàozhǐ と書き、「知らせる紙」の意味です。日刊紙は"日报"rìbào、夕刊紙は"晚报"wǎnbào です。中国の新聞はまだ基本的には政府の機関紙のような性格が強いです。

打开 dǎkāi つける　　**新闻** xīnwén ニュース

联播 liánbō（複数の放送局が同一プログラムを）同時放送する

+ Love sofa

Get the basics of global society through leaning of various foreign language!

right now plan!

家事＆余暇に必ず必要なすべての表現！

8-5 コンピューターで遊び、コンピューターで働く！

CD 55

introduction

最近中国でインターネットをしなくなりました。よいことでも、悪いことでも、一旦広がれば収拾がつかず全国に広がるので、中国政府はインターネットに不穏なものが出ることを恐れています。学校や"网吧" wǎngbā「ネットカフェ」のようなところにあるコンピュータを注意深く監視しています。

---

01 わたしはネット好きのネチズンです。

我是爱上网的网虫。
Wǒ shì ài shàngwǎng de wǎngchóng.

経済や産業だけではなく、政治においてもみんなが情報を共有することが自由民主主義の政治の基礎となっています。現在中国ではインターネットに対して一部ガバナンスしていますが、それは手で天を遮ろうとするようなものです。

上网 shàngwǎng　インターネットにアクセスする

网虫 wǎngchóng　ネチズン

02 わたしは個人のサイトを作りました。
我开了个个人网站。
Wǒ kāile ge gèrén wǎngzhàn.

コンピューター関連の事業を起こすにしても中国は未開の広大な天地です。加入してくる会員が多くなると、経済的事業性は実際想像を超えるものです。韓国のような資源に乏しい国が文化コンテンツで勝負をかけるには中国が最適です。中国と韓国は文化に共通点が多いため、お互い関心を持っていることも似ています。

开 kāi 開く、オープンする

个人网站 gèrén wǎngzhàn 個人のサイト

03 よくチャットしているでしょう。
你经常上网聊天儿吧。
Nǐ jīngcháng shàngwǎng liáotiānr ba.

"聊天儿" liáotiānr は「天に向かっておしゃべりをする」意味です。天には科学で検証しようがないことが多いため、天に向かっておしゃべりをすることは無駄なことです。それが即ち雑談であるとして造られた単語です。

经常 jīngcháng よく、しょっちゅう

聊天儿 liáotiānr おしゃべりをする

04 わたしは時間があると、ネットサーフィンをします。
我一有时间，就网络漫游。
Wǒ yì yǒu shíjiān, jiù wǎngluò mànyóu.

中国で新しく生まれた業種が「宅配」です。自称宅配民族の韓国に、この宅配文化を根を付かせてくれたのは華僑です。ネットショッピングや割引店が多い上海のような都市では、家でショッピングして配達してもらうことに、中国人はとても新鮮感を持ちながら楽しんでいるとのことです。

网络 wǎngluò ネット   漫游 mànyóu 気ままに旅する

家事＆余暇に必ず必要なすべての表現！

05 わたしはあなたにメールをします。
我给你发电子邮件。
Wǒ gěi nǐ fā diànzǐ yóujiàn.

🔸🔸 10年前、中国から韓国へ手紙を送るには一ヶ月ほどかかっていました。当時は交通手段が不便でしたが、今は中国のネット事情がよくなり（韓国と比べるとまだ不便なところが多いですが）、だいぶ便利になりました。「メール」は"伊妹儿"yīmèir とも言います。

给你发〜 gěi nǐ fā 〜　〜あなたに送る　　**发** fā 送る

电子邮件 diànzǐ yóujiàn 電子メール

---

06 メールボックスを確認してください。
确认一下电子邮箱。
Quèrèn yíxià diànzǐ yóuxiāng.

🔸🔸 韓国と中国がインターネットでコミュニケーションをする時、少し不便を感じます。韓国人は主にハングルを使いますが、中国は簡体字を使うところです。これは日本と中国のコミュニケーションでも同じです。文字の違いはアジアの3つの強国の意思の疎通を大きくさまたげています。

确认 quèrèn 確認する

电子邮箱 diànzǐ yóuxiāng メールボックス

---

07 御社のURLを教えてください。
请告诉我你们公司的网址。
Qǐng gàosu wǒ nǐmen gōngsī de wǎngzhǐ.

🔸🔸 "告诉" gàosu は「告訴する」という意味ではありません。また、"说" shuō「話す」と違って「あらたまった形式をもってはっきりと話す」というニュアンスがあります。"讲" jiǎng は「講義する」、事のあらすじを述べることを意味します。

告诉 gàosu 教える、告げる　　**公司** gōngsī 会社

网址 wǎngzhǐ ネットのアドレス、URL

+ Armchairs

Get the basics of global society through leaning of various foreign language!

right now plan!

家事＆余暇に必ず必要なすべての表現！

8-6 散歩に行きましょうか

right now plan!

introduction

中国に行ってきた人が口を揃えて言う言葉があります。「中国は空気がとても悪い」。最近世界の製造業工場が中国に一気に進出したことが主な原因ですが、なぜか中国は昔から晴天を見る機会が少ないですね。

---

01 公園へ散歩に行きます。

到公园去散步。
Dào gōngyuán qù sànbù.

最近、経済発展のお陰で、都市のところどころに娯楽施設が増えてきました。しかし、中国で一般市民が行き易い場所はやはり公園です。鳥かごを持って散歩したり、太極拳をしたり。公園はあらゆる趣味活動が集まる場所です。

到〜去 dào〜qù 〜へ行く　　公園 gōngyuán 公園

散步 sànbù 散歩する

02 一緒に行くのはどうですか？
一起去，怎么样？
Yìqǐ qù, zěnmeyàng?

中国は多民族国家です。文化や言語がそれぞれ異なる民族がみな中国の国民として"一起去"yìqǐ qù、即ち「未来に向けて一緒に歩こう」ということです。チベットや新疆のような地域で反乱が起きていますが、中国政府は政治、経済等様々な問題のために彼らをフリーにはしてあげていないのです。

一起 yìqǐ 一緒に

03 いつ行きますか？1時以後がいいですが。
什么时候去？一点以后最好。
Shénme shíhou qù? Yì diǎn yǐhòu zuì hǎo.

"一点"yì diǎn「1時」の"一"は、どう発音されるべきか。標準語では"yì diǎn"と第四声なのですが、多くの人が、特に南方では"yī diǎn"と第一声で言う人が多いです。これは序数表現と思っているせいでしょう。

什么时候 shénme shíhou いつ　　**以后** yǐhòu 以後、〜の後

最 zuì もっとも

04 すみませんが、南山公園までどのように行けばよろしいですか？
请问，到南山公园怎么走？
Qǐngwèn, dào Nánshān gōngyuán zěnme zǒu?

"请问"qǐngwèn の"请"qǐng は「〜してください」の意味です。たいてい"请〜"qǐng〜 と言って相手に何かをお願いしたり、勧めたりするときに使われます。ここでは例外的に「ちょっと〜しますので、よろしくお願いします」の意味で使用されます。

请问 qǐngwèn お尋ねします

南山公园 Nánshān gōngyuán 南山公園

家事＆余暇に必ず必要なすべての表現！

05 この道に沿ってまっすぐ行くとすぐに着きます。

顺着这条路一直走，就可以到。
Shùnzhe zhè tiáo lù yìzhí zǒu, jiù kěyǐ dào.

🔷🔷　人生において"一直走"yìzhí zǒu「まっすぐ歩く」ことはそう簡単なことではありません。上海の臨時政府庁舎に金九先生が書いた"不变应万变"bú biàn yìng wàn biànという字があります。「不変なものをもって世の中の変化に応じる」という意味です。激動の時代に民族の運命を案じて記した言葉に粛然として襟を正す思いです。

顺着 shùnzhe 〜に沿って　　条 tiáo 〜本(細長いものを数える時に使う量詞)

一直 yìzhí ずっと、まっすぐに

06 歩いて10分で着くことができます。

走路十分钟就可以到。
Zǒulù shí fēnzhōng jiù kěyǐ dào.

🔷🔷　"十分钟"shí fēnzhōng の"钟"zhōng は「時計」を指しますが、ここでは「時間」を表す量詞です。従って、"十分钟" shí fēnzhōng は「10分という時間」の意味です。韓国語では「10分を歩く」といいますが、中国語では10分の時間という「時間の量」を表さなければならないので、"走十分钟"zǒu shí fēnzhōng「10分間を歩く」と言います。

走路 zǒulù 道を歩く　　钟 zhōng 時間を表す

07 ここから遠いですか？

离这儿远吗？
Lí zhèr yuǎn ma?

🔷🔷　中国が昔から目指しているのは大同社会です。平等な社会と言ってもよいでしょう。現在の中国の発展ぶりを見ると、その日も遠くないようです。これから約40年後には今のアメリカに追いつくでしょう。もちろん簡単ではありませんが、その日が来ることを祈願しています。

离 lí 〜から、〜まで　　远 yuǎn 遠い

語法 8 講
GOHOU HACHI KOU

8 日本語とここがいちばん違う

日本語と中国語のいちばん大きな違いは何でしょう。
　それは日本語にはないのに、中国語にすると現れて来るものだと思います。たとえば、「私は珈琲が好きです」という日本語を中国語にすると、

▶ 我喜欢喝咖啡。Wǒ xǐhuan hē kāfēi.

のように"喝"hē という動詞が必要です。日本語にはないのに，中国語では必要になるのです。「財布を忘れた」と言う時もそうです。"带"dài（身につけて持つ）という動詞が欠かせません。

▶ 我忘了带钱包。Wǒ wàngle dài qiánbāo.

結果補語のところでは「分かりました」という言い方がでてきました。日本語では動詞を言いませんが、中国語なら次の二つの言い方がありますが、どちらにしろ動詞が出てきます。

▶ 你们听懂了吗?　Nǐmen tīngdǒng le ma?（聞いて分かりましたか）
▶ 你们看懂了吗?　Nǐmen kàndǒng le ma?（見て分かりましたか）

様態補語についても同じことが言えます。次の文で、日本語にはない"玩儿"や"过"はなかなか思いつかない動詞ではないでしょうか。

▶ 昨天玩儿得开心吗?　Zuótiān wánrde kāixīn ma?
　（昨日は〈遊んで〉楽しかった？）
▶ 暑假过得怎么样?　　Shǔjià guòde zěnmeyàng?
　（夏休みは〈過ごして〉どうでした？）

「映画に行く」とか「ゴルフに行く」なども中国語では動詞が出てきます。

家事＆余暇に必ず必要なすべての表現！

❽ 日本語とここがいちばん違う

一緒に映画に行きませんか。 ▶ 我们一起去看电影怎么样?
　　　　　　　　　　　　　Wǒmen yìqǐ qù kàn diànyǐng zěnmeyàng?

彼らはゴルフに行きました。 ▶ 他们去打高尔夫球了。
　　　　　　　　　　　　　Tāmen qù dǎ gāo'ěrfūqiú le.

以上とは少し違いますが、何となく訳しにくいことがあります。そんなとき「肯定がダメなら否定にしてみる」を試みてください。意外と使えます。

少し気分が悪い。　　　　▶ 我有点儿不舒服。Wǒ yǒudiǎnr bù shūfu.
ママは今日機嫌が悪い。　▶ 妈妈今天不高兴。Māma jīntiān bù gāoxìng.

"好" hǎo（良い）と "坏" huài（悪い）でも、ズバリそのものの "坏" は避け、"不好" bù hǎo という否定形のほうを活用します。

私は胃が悪い。　　　　　▶ 我胃不好。Wǒ wèi bù hǎo.

次も類例ですが、「留守」とか「違う」をそのまま訳そうとすると大変ですが、発想を変えて否定にしてみると、とても簡単で自然なネイティブの中国語になります。

お父さんは留守です。　　▶ 爸爸不在家。　Bàba bú zài jiā.
考え方が全然違う。　　　▶ 想法根本不同。Xiǎngfǎ gēnběn bù tóng.

A postscript to a book

あとがき

金融危機である。いや、100年に一度のこれは「世界恐慌」だという。いずれにしろ、アメリカの一極支配が揺れている。
言語のほうでも英語帝国主義は許すまいと、中国はいま中国語を世界に普及させようと力を入れている。
ドルに並んで人民元を、英語に並んで中国語を、だ。
韓国でも中国語学習は盛んだ。参考書も結構出ている。

昔は、日本のほうが中国語学習先進国ということで、日本で出た参考書類を翻訳して韓国国内で出版していたものだ。
私が出した本だけでも3、4冊ぐらい韓国で翻訳出版されている。
翻訳出版といったが、「翻訳」というよりは「編訳」と言った方がよいぐらいに、かなり内容に手が加えられた。
『中国語入門Q&A 101』(大修館書店)という本など、『中国語入門Q&A 88』に書名が変わっていた。クエッションが13個削除されてしまったわけだ。
私は韓国語がわからないが、101から88に変わってしまったぐらいは分かる。
なんとなく内容のほうも「大幅変更」されているようだ。韓国の読者のことを考えると、当然日本とは文化的背景が異なるし、韓国語も背後に独自の漢字文化を色濃く有するから、説明の仕方も韓国式があるのだろう。
しかし、あれだけ改変を加え「編訳」するからには、原著者に一言断りがあってもよさそうなものだがと思った。

最近は、韓国でも中国語学習熱が高まり、多くの参考書や教科書が出版されるようになった。中には日本のそれを凌駕しているのではと思わせるものがある。ふんだんにカラーを使い、大胆なレイアウトで、とても人を惹きつける。
本書の原著もそんな1冊である。

朝日出版社にはKさんという、中国語も韓国語も分かる編集者がいる。彼女は韓国の出版事情にも明るい。あるとき、韓国人の学者と知り合い、その著作を贈られた。それが本書の原著である。
それがなかなかおしゃれで面白いというので、翻訳出版することになった。

といっても語学の本なので、私に見てくださいという話になった。だが私は韓国語がわからない。彼女がざっと訳し、それを語学者の目で監修することになった。後半の３章は彼女も多忙になったため、私の教え子でもある李貞愛さん（桜美林大学専任講師）にお手伝いを頼んだ。

出てきた翻訳が、なんとも個性的というか、面白い。語学解説に面白いもないものだが、例文の語学的説明はどこへやら、そこに文明批評がちりばめられているのである。それも、皮肉たっぷりに書いてある。それもそのはず、著者は古典思想が専門の方で、それゆえ孔子や墨子がちょくちょく登場させられるのである。

解説はときに中国への辛口コメントであり、文明批評だ。たとえば"饭还没有煮好"（ご飯はまだ炊けていません）にはこんなコメントがついている。

> やや高い中華料理店でも、ご飯は冷えているし、その上粘りがありません。恐らく米の品質、炊く技術などがよくないからでしょう。中国人がわたしたちのご飯の味に慣れれば、韓国の炊飯器も輸出が増えるのではないでしょうか。

あるいは"他永远活在我的心里"（彼はいつまでもわたしの心の中で生きています）という例文についてはこんな調子だ。

> いつまでも変らないものはこの世にあるのでしょうか。老子は『道徳経』で"道可道，非常道"dào kě dào, fēi cháng dào「道の道とすべきは常の道に非ず」と言っています。世の中には変らないものはないという懐疑論的世界観を展開しています。

あまりに皮肉がきついので、Kさんに問うと、
「韓国の人はみんなユーモアたっぷりの話し方をするんです。だから、これで普通です」と言う。
それでも日本の読者にはちょっと分かりにくく、ことばの説明が欲しいところもある。そういうところはこちらで大幅に手を入れた。もちろん「書き換えても良い」とのお墨付きを頂いての上である。
昔、自分の本が韓国で大きく書き換えられたのを思い出し、その恩返し（仕返し？）をしたような気になった。
ともあれ、今回は異文化体験に満ちた愉快な本造りをさせていただいた。

相原　茂

翻訳協力　第6章〜第8章●李貞愛（桜美林大学）
装丁・本文デザイン・イラスト●小熊未央

中国語のクッキータイム

2009年6月18日　初版発行

原　著　文　承勇
編　著　相原　茂
発 行 人　原　雅久
発 行 所　　（株）朝日出版社
　　　　〒101-0065　東京都千代田区西神田3-3-5
　　　　電　話　03-3263-3321
　　　　ホームページ　http://www.asahipress.com
組　版　欧友社
印　刷　図書印刷
ISBN　978-4-255-00482-2 C0087
Printed in Japan

乱丁本・落丁本は、小社宛にお送りください．
送料は小社負担にてお取り返えいたします．
本書の無断複写（コピー）は著作権法上での例外を除き，
禁じられています．